UNIVERSITÉ DE FRANCE

FACULTÉ DE DROIT DE DIJON

DROIT ROMAIN

DU SÉNATUS-CONSULTE VELLÉIEN

DROIT FRANÇAIS

DE L'EFFET DES OBLIGATIONS

CONTRACTÉES PAR UNE FEMME MARIÉE

SOUS LES DIFFÉRENTS RÉGIMES MATRIMONIAUX

THÈSE
POUR LE DOCTORAT

PAR

Prosper PRIEUR

SOUTENUE LE MARDI 12 JUILLET, A UNE HEURE APRÈS MIDI

SOUS LA PRÉSIDENCE DE M. BAILLY, *Professeur*

Suffragants :
GAUDEMET, *Professeur*
MOUCHET, *id.*
WEISS, *Agrégé*

BESANÇON

IMPRIMERIE FRANC-COMTOISE

20, RUE GAMBETTA, 20

1887

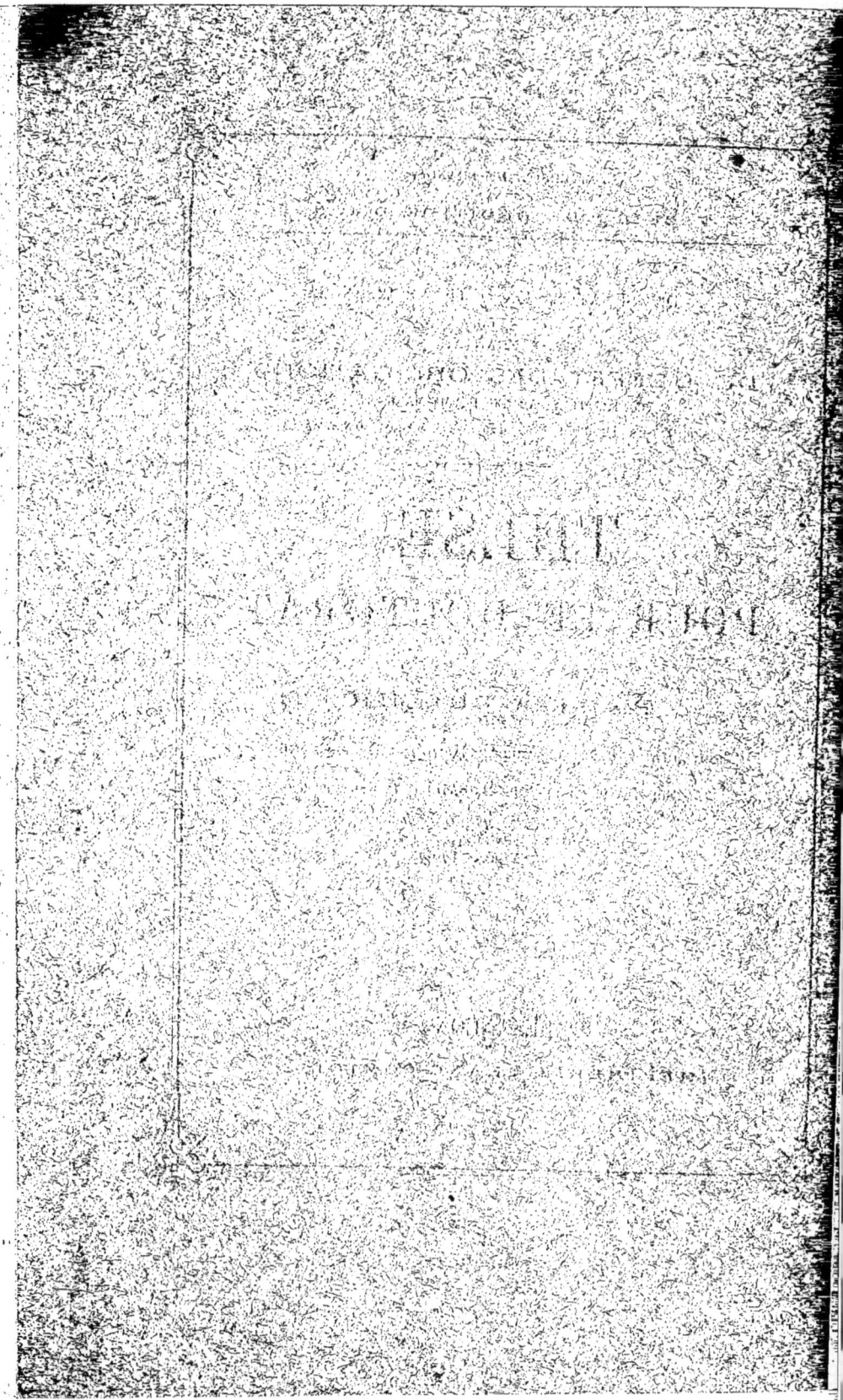

THÈSE POUR LE DOCTORAT

UNIVERSITÉ DE FRANCE

FACULTÉ DE DROIT DE DIJON

DROIT ROMAIN

DU SÉNATUS-CONSULTE VELLÉIEN

DROIT FRANÇAIS

DE L'EFFET DES OBLIGATIONS

CONTRACTÉES PAR UNE FEMME MARIÉE
SOUS LES DIFFÉRENTS RÉGIMES MATRIMONIAUX

THÈSE
POUR LE DOCTORAT

PAR

PROSPER PRIEUR

SOUTENUE LE MARDI 12 JUILLET, A UNE HEURE APRÈS MIDI

SOUS LA PRÉSIDENCE DE M. BAILLY, *Professeur*

Suffragants :
- GAUDEMET, *Professeur*
- MOUCHET, *id.*
- WEISS, *Agrégé*

BESANÇON

IMPRIMERIE FRANC-COMTOISE

20, RUE GAMBETTA, 20

1887

DU SÉNATUS-CONSULTE VELLÉIEN

Avant d'aborder, à la suite des jurisconsultes romains, l'étude des difficultés que présente le commentaire du sénatus-consulte Velléien, il nous semble nécessaire d'examiner rapidement quelle a été, aux différentes époques de l'histoire, la condition de la femme romaine. Il est impossible, en effet, de comprendre un texte de loi sans connaître les précédents historiques ou législatifs qui ont préparé et nécessité sa promulgation. Cette étude est d'autant plus nécessaire dans le cas actuel que notre sénatus-consulte ne contient pas une innovation législative proprement dite, mais qu'il se présente comme la consécration d'une jurisprudence unanime et fort ancienne des magistrats romains.

Dès les temps les plus reculés, la condition de la femme a été frappée de nombreuses restrictions.

Fille de famille, elle est soumise à l'autorité de son père, et l'on sait quelle était, aux premiers temps de Rome, la rigueur de la puissance paternelle. L'enfant est privé de toute personnalité, la famille tout entière se résume dans le *paterfamilias*. Magistrat domestique, il exerce sur ses enfants une autorité absolue et sans contrôle, il a sur eux le droit de vie et de mort. Toutes les acquisitions réalisées par le fils ou la fille appartiennent

1

au père, et cependant ce dernier ne peut pas être tenu des obligations et des dettes contractées par ses enfants.

Telle était, sous l'ancienne Rome, la situation juridique d'une fille de famille ; mais, nous devons en faire la remarque, cette condition si dure ne dérivait pas d'une incapacité spéciale à la fille : elle était commune à tous les enfants qui vivaient sous l'autorité d'un même père et n'était que le résultat rigoureux des principes de la puissance paternelle.

L'autorité du père sur ses enfants ne cessait pas avec leur majorité, elle persistait quel que fût leur âge et ne prenait fin que par l'émancipation ou la mort du *pater-familias*. L'enfant, dès lors, devenait *sui juris*.

Envisageons maintenant la situation d'une femme devenue maîtresse d'elle-même. Nous allons nous trouver ici en présence d'un résultat fort bizarre, qu'il nous sera bien difficile de justifier. La loi romaine, voyant probablement dans la femme un être d'une nature inférieure à celle de l'homme, la déclare incapable de gérer son patrimoine et la place dans une dépendance absolue vis-à-vis de ses parents. On l'assimile à un enfant en bas âge et on la soumet à une tutelle perpétuelle. Son tuteur est l'*agnat* le plus proche, c'est-à-dire le parent qui doit plus tard recueillir les biens que la femme laissera dans sa succession [1]. Le choix du tuteur ne nous montre-t-il pas quelle devait être à l'origine la sévérité d'une semblable dépendance ? Héritier présomptif, cet *agnat* n'avait-il pas le plus grand intérêt à s'opposer à toute aliénation et à tout acte qui, diminuant le patrimoine de sa pupille, aurait par là même enlevé de la succession des valeurs qu'il devait y retrouver un jour ?

Il nous reste à rechercher enfin si, dans le mariage, la femme romaine n'obtiendra pas la liberté et l'émancipa-

---

(1) Très souvent, dans la pratique, le tuteur légitime était remplacé par un tuteur testamentaire donné à la fille par le *paterfamilias*.

tion à laquelle semble lui donner droit sa qualité d'épouse.

A l'origine, le mariage était toujours accompagné d'une formalité connue sous le nom de *conventio in manum*. En quoi consistait cette formalité ? On n'en connaît pas absolument tous les détails, mais ses effets sont certains ; par son mariage, la femme tombe sous la puissance de son mari. Elle quitte la famille de son père pour devenir la fille de son mari, la sœur de ses propres enfants. Sa condition juridique n'a donc pas changé : son incapacité est aussi complète que dans les deux cas précédents.

Plus tard, la solennité qui accompagnait les mariages tomba en désuétude, et la *manus* ne fut plus employée que dans quelques cas bien rares. Par le nouveau mariage, le mari acquiert sur sa femme une autorité moins forte qu'autrefois, mais la situation de la femme reste la même, puisque son père ou son tuteur conservent sur elle la puissance qu'ils transmettaient autrefois à son mari par la *manus*. La seule différence qui existe entre les deux cas, c'est que, dans le premier, la femme n'avait qu'un seul maître, tandis que, dans le second, elle en a deux.

Telle a été, en résumé, pendant les premiers siècles, la condition de la femme romaine. Mariée ou non, elle était tenue par le législateur dans une dépendance étroite que nous avons peine à comprendre de nos jours ; aussi ne devons-nous pas nous étonner si une révolution profonde vint modifier cet état barbare et substituer à l'esclavage d'autrefois une liberté complète, absolue.

A quelle époque s'opéra un changement si radical dans la condition des femmes ? Il serait difficile de le préciser. D'abord, nous devons remarquer que l'affranchissement de la femme ne fut pas le résultat d'une œuvre législative spéciale : il s'opéra lentement, graduellement, et comme conséquence naturelle de la civilisation qui vint adoucir les grossières institutions du temps passé.

La puissance paternelle devint moins rigoureuse, et, partant, la condition des filles s'améliora. Le père fut obligé de pourvoir à l'établissement de sa fille en lui fournissant une dot en rapport avec sa fortune.

La jurisprudence s'était montrée très rigoureuse sur la portée de l'obligation du père de famille; on regardait comme coupable non seulement le père qui refusait de constituer une dot à sa fille, ou de consentir à son mariage, mais même celui qui négligeait de lui chercher un mari selon sa condition sociale (1).

Quant à la tutelle des agnats, elle ne tarda pas à disparaître complètement. On permit à la femme de substituer un tuteur de son choix à celui qui autrefois lui était imposé par la loi, et l'intervention de ce tuteur nominal ne fut plus qu'une simple formalité imposée par l'usage et par le respect d'une tradition ancienne.

La puissance maritale elle-même ne résista pas au courant qui entraînait toutes les institutions du passé.

Les pouvoirs du mari sur la personne de sa femme furent restreints en même temps que ceux du père sur ses enfants.

Une atteinte plus grave encore fut portée aux pouvoirs du mari sur les biens de sa femme par l'institution de la dot, dont nous venons de parler. La femme, par la constitution de dot, acquiert un patrimoine propre soumis à un régime tout spécial.

De nombreuses dispositions législatives (2) ont régle-

---

(1) L. 19, D. XXIII, 2. *Prohibere autem videtur, et qui conditionem non quærit.*

(2) La loi 2, § 1er, XVI, 1, fait une allusion aux édits de Claude et d'Auguste, qui renfermaient ces prohibitions. La femme ne peut valider l'hypothèque du fonds dotal ni intercéder pour son mari. Les donations entre époux sont interdites par la loi Papia.

Nous devons cependant constater que la loi Julia permet à la femme

menté avec un soin minutieux les pouvoirs respectifs du mari et de la femme sur la dot ; nous pouvons les résumer d'un seul mot, en disant que le législateur s'est efforcé de protéger la dot de la femme contre toute tentative d'usurpation de la part du mari, afin de maintenir complète et entière l'intégralité de ce nouveau patrimoine.

Nous ne pouvons entrer dans l'examen détaillé de toutes les mesures prises en faveur de la femme pour la défendre et contre elle-même et contre son époux ; mais il ressort de l'ensemble de ces dispositions législatives que la femme, jusqu'alors traitée avec sévérité et avec défiance, devient l'objet de toutes les faveurs de la loi romaine, et nous nous bornerons à constater que vers la fin de la République, la femme jouit d'une liberté à peu près absolue.

Des anciennes institutions, on ne retrouve que des débris informes et des vestiges à peine apparents qui n'apportent à la capacité de la femme aucune entrave sérieuse, de sorte que l'on peut dire qu'elle est placée sur le même pied que les citoyens eux-mêmes (1).

La femme, désormais libre et maîtresse d'elle-même, usa largement de son pouvoir de disposition presque absolu, et les dépenses les plus excessives ne tardèrent pas à engloutir le patrimoine que le législateur primitif protégeait avec un soin si jaloux.

Aussi ne devons-nous pas nous étonner de voir se former un courant tout opposé à celui dont nous venons de signaler l'existence, courant contraire à la liberté des femmes, qui donne naissance à de nombreuses mesures restrictives.

---

de consentir à l'aliénation du fonds dotal. L. 4, *de Fundo dotali.* C'est au mari seul que s'applique la défense de la loi ; mais avec le consentement de sa femme, l'aliénation est permise.

(1 TITE-LIVE, livre XXXIV, chap. II et V, nous rapporte un passage du discours de Caton, qui s'élève avec véhémence contre cette immixtion des femmes dans les pouvoirs publics, qui leur permet de descendre au forum et de prendre part aux assemblées et aux comices.

Une loi Oppia, rendue dans un moment de crise politique [1], vint mettre un frein temporaire au luxe des
femmes; mais les mœurs furent plus fortes que la loi, et
on ne tarda pas à obtenir l'abrogation de cette disposition
gênante qui restreignait les dépenses et voulait empêcher la débauche d'étaler son luxe en plein jour. Dès
lors, les femmes, plus puissantes que le législateur lui-
même, ne connurent plus aucune mesure, et la situation
devint si alarmante que les esprits sages comprirent qu'il
était absolument nécessaire, pour protéger la société elle-
même, de frapper sévèrement celles qui, par leur luxe
et leurs débauches, compromettaient l'avenir de la civilisation romaine.

Le législateur fit les plus louables efforts pour arrêter
les progrès du mal ; il voulut tout d'abord en tarir la
source et empêcher les femmes d'acquérir des fortunes
trop considérables qui leur permettaient d'étaler un
luxe effréné.

La loi Cincia soumit les donations à des restrictions
très nombreuses, en leur imposant des limites fort étroi-
tes. Cette loi n'était pas spéciale aux femmes ; elle
s'étendait aux deux sexes, et ses prohibitions étaient
absolument générales [2].

Une loi Voconia [3] vint frapper les femmes d'une
incapacité fort rigoureuse. Elles devinrent incapables
de recueillir le bénéfice d'une institution d'héritier, ou
d'un legs quand il dépassait une certaine mesure. Les
successions légitimes elles-mêmes n'échappèrent pas
aux prohibitions légales, et les auteurs nous rapportent

(1) La loi Oppia fut promulguée comme mesure provisoire lors des
succès d'Annibal qui menaçaient l'existence de la République romaine.

(2) Cette loi, qui est plutôt un plébiscite, fut proposée par le tribun
Cincius Alimentus et vigoureusement appuyée par Caton l'Ancien (Ac-
CARIAS, 1, p. 745). Elle remonte à l'année 550.

(3 Cette loi fut encore rendue sur la proposition de Caton, ou du
moins il l'appuya de toute son éloquence. Elle remonte à l'an de
Rome 586.

qu'à l'exception des frères et sœurs, la femme agnate la plus proche ne vient recueillir une succession qu'après l'agnat le plus éloigné [1].

Ces prohibitions étaient fort rigoureuses, trop rigoureuses peut-être ; aussi ne devons-nous pas nous étonner de voir que les femmes cherchèrent à tourner les dispositions de la loi. Les *fidéicommis* leur offrirent, pour arriver à ce but, un moyen simple et efficace qui enleva toute utilité pratique au système laborieusement édifié par le législateur [2].

Après avoir cherché à restreindre le luxe et la dépense, les empereurs voulurent s'attaquer au mal lui-même et frapper de pénalités et d'amendes le vice et la débauche.

Ce fut l'objet des fameuses lois Papiennes, rendues sous Auguste [3].

Malheureusement, le résultat obtenu fut précisément celui qu'on voulait éviter. Loin d'arrêter le progrès du mal, ces lois donnèrent naissance à des expédients honteux et à des raffinements de débauche tellement inouïs, qu'on hésite à croire de nos jours à l'existence d'une société aussi corrompue que la société romaine d'alors [4].

Sans se laisser décourager par ces tentatives infructueuses, le législateur romain poursuivit cependant son œuvre moralisatrice. Il voulut reprendre aux femmes la

---

(1) PAUL, *Sentences,* IV, VIII, § 22. GAIUS, III, 29.

(2) *Item mulier, quæ..... per legem Voconiam, heres instituta, capere non potest, tamen fideicommisso relictam sibi hereditatem capere potest* (GAIUS, II, § 274).

(3) Les femmes condamnées pour adultère ne peuvent plus témoigner en justice, contracter un mariage légitime, ni être instituées héritières ou recevoir aucun legs. Quant aux femmes honnêtes, elles ne peuvent recueillir de legs ou de succession testamentaire qu'autant qu'elles se marient et ont des enfants.

Les lois Julia, *de Adulteriis,* et Papia Poppæa, contenaient, en outre, une foule d'autres prohibitions et de pénalités qu'il nous est impossible d'indiquer, même sommairement.

(4) Voir GIDE, *Etude sur la condition de la femme,* livre I, chap. V.

trop grande liberté qu'elles avaient conquise peu à peu. Il frappa la femme dans sa capacité juridique toutes les fois qu'elle devait accomplir un acte qui, d'une façon directe ou indirecte, lui aurait permis d'intervenir dans les affaires d'autrui. On lui défendit de postuler pour autrui, c'est-à-dire d'agir en justice pour des tiers et de faire pour eux aucun acte judiciaire.

Enfin, le Sénat, confirmant une jurisprudence déjà ancienne, décida que la femme ne pourrait pas s'engager pour la dette d'autrui ; ce fut l'objet du sénatus-consulte. Velléien, rendu sous Claude, l'an 46 de l'ère chrétienne (1).

Le rapide exposé historique qui précède nous a montré le législateur romain obéissant, quand il s'agit de réglementer la condition de la femme, à deux tendances bien différentes. Tantôt favorable à la femme, il cherche à améliorer sa position, à la protéger contre ceux qui voudraient abuser contre elle de la puissance que leur donne la loi, ou chercher à profiter de son inexpérience pour s'enrichir à ses dépens. Tantôt, au contraire, il voit dans la femme une ennemie acharnée, et la rend responsable de tous les maux de la société.

Au premier ordre d'idées, il faut rattacher, sans aucune difficulté, toutes les lois qui ont pour objet de protéger la dot de la femme, en lui défendant d'accomplir, même avec le consentement de son mari, certains actes qui pourraient compromettre son patrimoine et lui rendre ainsi difficile un second mariage, au cas où le premier viendrait à prendre fin (2 .

---

(1) Le texte du sénatus-consulte nous a été transmis par un fragment d'Ulpien, qui forme la loi 2, § 1, au Dig. l. XVI, 1. Le titre 1er, l. XVI, contient les principaux fragments que nous ont laissés les jurisconsultes romains sur le Velléien ; c'est à ce titre que se référeront les lois qui, dans le cours de cette étude, ne porteront aucune indication spéciale.

Au Code, le titre 29 du livre IV est consacré aux innovations réalisées par Justinien.

(2) *Interest reipublicæ dotes mulierum salvas habere propter quas (iterum) nubere possint.* (L. 2, Dig., *de Jure dotium,* XXIII, 3.)

Tout au contraire, nous ne devons pas hésiter à regarder toutes les dispositions qui écartent la femme des affaires publiques, et lui défendent de représenter autrui devant la justice, comme empreintes d'un esprit de défiance à l'égard de la femme, afin de la forcer de reprendre sa place naturelle au foyer domestique.

Si nous nous plaçons maintenant en présence du sénatus-consulte Velléien, à quel ordre d'idées devons-nous le rattacher?

Doit-on y voir une idée de défiance à l'égard de la femme, ou ne doit-on pas plutôt le considérer comme une mesure de protection en sa faveur? Il est facile de se rendre compte de l'importance que présente une pareille question dans l'examen d'un texte juridique. Il n'est pas indifférent, en effet, de savoir si le sénatus-consulte se rattache à l'une ou à l'autre de ces idées. Les édits d'Auguste et de Claude furent rendus au profit des femmes et dans l'intérêt de leur dot; l'exclusion de tout office viril fut établie contre les femmes et dans l'intérêt de la morale publique. Si le sénatus-consulte n'est qu'une suite de cette exclusion, il faudra l'interpréter comme étant établi non en faveur des femmes, mais contre elles; s'il n'est qu'une extension des édits d'Auguste, il faudra le considérer, au contraire, comme un privilège pour la femme, comme une mesure de protection et de faveur [1].

Un intérêt considérable au point de vue pratique s'attache à une semblable distinction, notamment en matière de renonciation au sénatus-consulte. Il est bien évident que la femme ne pourra, par un fait volontaire, écarter l'application d'une loi basée sur l'intérêt social, tandis que, si l'on n'y voit qu'une disposition de faveur, on pourrait admettre la possibilité d'une renonciation.

Néanmoins, nous n'entrerons pas dans l'examen dé-

[1] Gide, p. 154.

taillé des arguments qui ont été produits de part et d'autre pour soutenir les deux opinions qui ont été émises par les commentateurs du droit romain sur ce point. En effet, les raisons invoquées par les auteurs sont des plus sérieuses, et il n'est pas difficile de trouver un appui soit dans le texte, soit dans l'esprit du sénatus-consulte, pour démontrer tantôt l'une, tantôt l'autre des deux opinions.

Un point nous semble certain et hors de doute, c'est que l'on rencontre dans le texte de la loi des termes qui énoncent d'une façon formelle l'idée bien claire d'exclure les femmes des *officia virilia* [1], tandis que d'autres sont non moins probants pour démontrer que le législateur a obéi à une idée de protection à l'égard de la femme [2].

Que faut-il conclure de là ? Pour nous, la solution n'est pas douteuse, et nous pensons qu'il faut rejeter d'une façon absolue toute opinion qui s'appuierait uniquement sur une idée sans tenir compte de l'autre. Car

[1] Le texte du sénatus-consulte invoque formellement ce motif d'ordre public, qui semble tout d'abord avoir à lui seul inspiré le législateur : *Feminas virilibus officiis fungi et ejus generis obligationibus obstringi non est æquum.*

D'ailleurs, cette exclusion des femmes des *officia virilia* était générale, et le sénatus-consulte ne se présente à nous que comme le couronnement de toute la législation adoptée à cet égard par le Sénat et les empereurs.

Loi 2, *De reg. juris.* L. 17. *Feminæ ab omnibus officiis civilibus vel publicis remotæ sunt, et ideo nec judices esse possunt..... nec pro alio intervenire.* Ulpien semble bien indiquer que la défense d'intercéder se rattache à l'exclusion des femmes des affaires publiques.

[2] Loi 2, §§ 2 et 3, *ad Sct. Vell.* : *Quia opem tulit mulieribus, sed ita demum subvenit, si non callidæ sint versatæ.* Nous pourrions multiplier les citations qui établissent que la loi a obéi à une idée de faveur et de protection pour la femme. Voyez notamment 1. 40, pr., D., *de Cond. ind.,* XII, 6.

Le texte même du sénatus-consulte, en nous disant qu'il n'est pas équitable *(æquum)* que la femme soit tenue des obligations qu'il prohibe, ne semble-t-il pas se référer à une défense basée sur l'intérêt bien entendu de la femme ?

si l'on adopte une manière de voir, comment justifier ou expliquer les textes qui semblent donner raison à l'autre ?

Nous n'hésiterons donc pas à adopter, avec la plupart des auteurs, une solution intermédiaire qui tient compte des deux idées qui semblent avoir guidé le législateur dans la rédaction du sénatus-consulte Velléien.

Nous avons déjà eu l'occasion de signaler plus haut l'existence, dans la législation romaine, de deux courants opposés, l'un favorable, l'autre contraire à l'émancipation des femmes. Le sénatus-consulte Velléien nous semble être une de ces dispositions législatives fort rares, qui ont eu l'heureuse chance de satisfaire les deux opinions qui étaient en présence.

Les adversaires de la liberté des femmes y virent une excellente mesure pour restreindre leur capacité et pour écarter de plus en plus des affaires publiques un élément qu'ils regardaient comme dissolvant. Si l'on enlevait à la femme la faculté de se porter caution ou d'intervenir d'une manière quelconque pour prendre à charge la dette d'autrui, n'était-ce pas lui enlever par là même une large part d'influence sur les affaires publiques ?

Il est facile de se rendre compte de la portée pratique d'une semblable disposition. En laissant à la femme une liberté complète, elle peut s'immiscer dans les affaires d'autrui, venir au secours d'un débiteur aux abois, et répondre de sa dette vis-à-vis d'un créancier trop rigoureux. Par là elle acquiert une influence d'autant plus redoutable que sa fortune, étant considérable, pouvait lui permettre de se créer un plus grand nombre de clients dévoués à ses caprices, clientèle qui, en se multipliant, pouvait apporter de sérieuses entraves à l'exercice des pouvoirs publics.

D'un autre côté, les partisans d'une émancipation raisonnable de la femme durent accueillir favorablement l'idée du sénatus-consulte, qui constituait au profit de la femme une excellente mesure de protection. Donner aux femmes une liberté complète eût été leur faire un cadeau trop dangereux et dont les inconvénients eussent peut-être égalé les rigueurs de leur ancien esclavage.

La femme, occupée à l'intérieur du ménage, ne peut acquérir l'expérience nécessaire à la gestion de son patrimoine. La loi doit la protéger contre sa faiblesse et la mettre à l'abri des sollicitations importunes que son naturel peu défiant ne lui eût peut-être pas permis de repousser. La prohibition Velléienne prévenait ce danger; elle répondait donc parfaitement aux désirs de ces sages amis des femmes romaines.

Ces deux idées différentes nous donnent, par leur combinaison, les motifs mêmes sur lesquels repose le sénatus-consulte.

Nous avons dit qu'il serait assez difficile de concilier les textes avec une opinion qui n'adopterait qu'une seule des deux idées; nous devons cependant, pour être complet dans notre étude, signaler une ingénieuse combinaison due à l'esprit d'un des meilleurs écrivains qui se soient occupés de la question.

M. Gide part de l'idée d'exclusion à l'égard de la femme. Pour lui, il résulte d'une façon formelle, du texte et de l'esprit du sénatus-consulte, que la loi n'a eu qu'un seul but : enlever à la femme toute espèce d'influence sur les affaires publiques, l'exclure complètement des *officia virilia*. Le texte et l'esprit du sénatus-consulte sont formels en ce sens.

Pour expliquer les termes qui semblent faire allusion à une autre manière de voir, M. Gide prétend que, postérieurement à sa promulgation, l'esprit du sénatus-consulte s'est modifié; les jurisconsultes, oubliant qu'il avait été rendu dans un esprit de défaveur, en ont fait un instrument de protection très efficace pour la femme [1].

(1) GIDE, *op. cit.*, p. 153.

C'est ainsi que se justifieraient les passages des jurisconsultes romains qui renferment cette idée nouvelle,
et l'antinomie entre les fragments du Digeste ne serait
qu'apparente, si l'on a soin de les expliquer avec cet
ingénieux mécanisme.

Cette théorie, on le voit, aboutit à peu près au même
résultat que celle que nous avons exposée ; mais nous
n'hésiterons pas cependant à la rejeter, car nous avons
eu l'occasion de remarquer, dans le texte même du sénatus-consulte, des termes qui semblent se référer aux
deux motifs que nous avons indiqués. Il ne nous semble
donc guère possible d'admettre que l'idée de faveur
pour la femme ne soit qu'une création de la jurisprudence, postérieure à la promulgation du sénatus-consulte.

Notre but principal, dans cette étude, sera de présenter le commentaire du sénatus-consulte Velléien tel qu'il
a été appliqué par la jurisprudence classique, c'est-à-
dire antérieurement aux réformes de l'empereur Justinien. Ce sera l'objet de notre première partie. Nous pas-
serons rapidement en revue, dans une seconde partie,
les innovations réalisées par Justinien, et nous indiquerons quelles ont été les destinées ultérieures du sénatus-
consulte dans notre ancien droit français.

PREMIÈRE PARTIE

———

DU SÉNATUS-CONSULTE VELLÉIEN A L'ÉPOQUE CLASSIQUE

Nous n'insisterons pas sur la controverse qui s'est élevée entre les commentateurs du droit romain, au sujet de la date exacte du sénatus-consulte, et nous nous bornerons à constater que sa promulgation peut se placer avec certitude entre les dernières années du règne de Claude et les premières années du règne de Vespasien (1).

Nous aborderons, sans plus tarder, le commentaire du titre : *ad Senatusconsultum Velleianum,* au Digeste, qui

(1) La controverse qui s'est élevée sur ce point tient à ce qu'une inexactitude a été commise soit par le jurisconsulte Ulpien, soit par les copistes qui nous ont transmis le texte du sénatus-consulte. Les noms des consuls cités dans le texte de la loi 2, § 1, ne concordent pas absolument avec ceux que l'on retrouve dans la liste des consuls romains de cette époque.

On peut néanmoins affirmer que le sénatus-consulte est postérieur aux édits de Claude, qui défendaient aux femmes d'intercéder pour leurs maris; la loi 2 est formelle sur ce point. D'un autre côté, nous avons la preuve que la loi n'est pas postérieure à Vespasien, puisque le jurisconsulte Gaius Cassius, dont les écrits mentionnent le Velléien, est mort sous cet empereur.

On est généralement d'accord pour placer la date du sénatus-consulte à l'an 46 de notre ère, année où nous rencontrons deux consuls dont les noms offrent la plus grande analogie avec ceux cités au texte d'Ulpien.

contient les fragments des juriconsultes romains relatifs au sénatus-consulte Velléien.

Nous diviserons notre étude en deux chapitres.

Dans le premier, nous rechercherons les conditions requises pour qu'un acte juridique tombe sous la prohibition du sénatus-consulte, et dans le second, quelles sont les conséquences de la violation de la loi Velléienne, c'est-à-dire la sanction qui frappe les actes réunissant les conditions examinées dans le premier chapitre. En un mot, nous examinerons les conditions d'application et les effets du sénatus-consulte.

CHAPITRE PREMIER

CONDITIONS D'APPLICATION DU SÉNATUS-CONSULTE VELLÉIEN

Le texte du sénatus-consulte Velléien nous a été conservé par Ulpien dans un fragment de son Commentaire sur l'Édit du préteur. La portée de la loi semble au premier abord fort simple à déterminer ; elle peut se résumer tout entière dans ces quelques mots : la femme ne peut intercéder pour autrui. Les jurisconsultes romains comprenaient ainsi l'application du sénatus-consulte. Paul, voulant donner l'idée générale de la loi, s'exprime de la manière suivante : « *Velleiano senatusconsulto plenissime comprehensum est, ne pro ullo fœminæ intercederent* (1). »

Qu'est-ce donc que *l'intercessio ?*

On peut la définir, d'une façon générale, *l'intervention d'un tiers dans les rapports entre un créancier et un débiteur, soit pour garantir la dette de ce dernier, soit pour se substituer à sa place vis-à-vis du créancier.*

Partant de cette explication, une méthode bien simple semble tracée au commentateur qui veut se rendre compte de la prohibition Velléienne. Il n'a qu'à rechercher quels sont les actes qui constituent une intercession ou servent à la réaliser, et cette énumération aura, par là même, fixé les conditions d'application du sénatus-

_____

(1) Loi 1, pr., *ad S. V.*

2

consulte, puisque ce sont tous ces actes et eux seuls que la loi a voulu frapper de nullité.

Des auteurs ont essayé de faire cette énumération (1); mais nous ne les suivrons pas sur ce terrain, car une semblable manière de procéder pourrait conduire à des résultats inexacts.

En effet, nous aurons bientôt l'occasion de démontrer que certains actes, qui au premier abord ne renferment aucune intercession, tombent cependant sous l'application du sénatus-consulte. S'il en est ainsi, à quoi bon rechercher quels actes constituent ou non une des formes de *l'intercessio?*

Il nous semble qu'en cette matière, il faut s'attacher bien plus au fond qu'à la forme de l'acte et à sa qualification juridique. Sans doute, dans la plupart des cas que nous aurons à examiner, les conditions et les caractères que nous indiquerons sont précisément les caractères des *intercessiones;* mais nous aurons à examiner certains actes qui, au premier abord, semblent ne renfermer aucune espèce d'intervention pour autrui, et qui, si l'on veut s'en tenir à un examen superficiel, ne présentent aucun des caractères de *l'intercessio,* puisqu'ils ne rentrent pas dans les énumérations qui ont été faites par les jurisconsultes ; et cependant le sénatus-consulte Velléien les frappera d'une nullité absolue.

Toute classification serait donc dangereuse, puisque les jurisconsultes nous déclarent que *l'intercessio* peut

---

(1) ACCARIAS, II, 385 : « L'intercession se réalise *presque toujours* par » l'un des actes suivants : 1º la fidéjussion ou plus généralement l'*ad-* » *promissio ;* 2º le *mandatum pecuniæ credendæ ;* 3º le pacte de *consti-* » *tut* fait pour un tiers ; 4º la constitution de gage ou d'hypothèque faite » également pour un tiers ; 5º l'*expromissio ;* 6º le fait de défendre en » justice au nom d'un tiers. »

M. Accarias reconnaît d'ailleurs que ces actes n'impliquent pas l'*in-* *tercessio* d'une façon absolue, et qu'il peut arriver qu'un acte par lequel on ne s'engage ni à côté d'un tiers, ni à la place d'un tiers antérieurement obligé, peut constituer une *intercessio.*

se rencontrer dans toute espèce d'actes juridiques : *In omni genere negotiorum et obligationum intercedere mulieres prohibentur* [1].

La méthode que nous suivrons sera la suivante : nous rechercherons, dans une première section, quelles sont les conditions requises, d'une façon générale, pour qu'un acte juridique tombe sous la prohibition du sénatus-consulte; puis, cette détermination une fois établie, nous n'aurons qu'à en faire l'application aux divers engagements que pourra contracter une femme dans ses rapports avec les tiers.

Dans une seconde section, nous examinerons les exceptions aux principes généraux.

SECTION PREMIÈRE

DES CONDITIONS REQUISES POUR QU'UN ACTE JURIDIQUE TOMBE SOUS L'APPLICATION DU SÉNATUS-CONSULTE VELLÉIEN

On peut ramener à quatre les conditions qui doivent se rencontrer dans un acte pour qu'il soit permis à une femme d'invoquer le bénéfice de la loi. Il faut : 1° *qu'elle s'oblige;* 2° *qu'elle s'oblige pour autrui;* 3° *dans l'intérêt d'autrui;* 4° *qu'elle n'agisse pas dans une intention libérale.*

§ Ier. — *Nécessité d'une obligation.*

Si l'on se pénètre de l'esprit dans lequel a été rendu le sénatus-consulte, on se rendra facilement compte de l'existence de cette première condition. Le législateur romain a voulu protéger la femme, mais non la frapper

(1) PAUL, *Sentences,* II, IX, § 4.

d'une incapacité absolue de contracter avec les tiers. Il redoutait la faiblesse et l'inexpérience des femmes, il voulait les mettre en garde et les protéger contre les conséquences d'actes accomplis à la légère, et sans qu'elles eussent pu prévoir la portée précise de l'engagement qu'elles prenaient à leur charge. Or, il est facile de comprendre que ce danger ne se rencontre que dans des actes constitutifs d'obligation, et non dans des actes d'aliénation.

Prenons un exemple : un débiteur, gêné dans ses affaires, désire obtenir par voie d'emprunt une certaine somme d'argent ; son crédit chancelant ne lui permet pas de s'adresser directement à un prêteur qu'il ne connaît pas. Il va trouver un tiers, un ami, et le prie de bien vouloir cautionner de son crédit, auprès du bailleur de fonds, l'engagement qu'il va contracter. Il peut représenter à cet ami que plus tard, il sera certainement à même de faire face à son obligation et que la caution qu'il demande n'entraînera aucune conséquence pour celui qui la donne. Si le tiers, confiant dans ces promesses, consent à garantir la dette, il devient dès lors débiteur du créancier et est tenu de l'indemniser au cas où le débiteur principal deviendrait insolvable.

Il est facile de se rendre compte des dangers que présente une semblable intervention, dangers d'autant plus difficiles à éviter que l'on peut croire que l'engagement contracté n'aura aucune portée sérieuse. Et si l'on se place en présence d'une femme, que l'inexpérience des affaires et la sensibilité naturelle rendent plus facile à circonvenir que tout autre, on comprendra la sollicitude apportée par le législateur pour prévenir les abus qui auraient pu résulter de semblables engagements.

Nous avons ainsi justifié la première partie de la règle en montrant la nécessité d'une protection pour les actes qui constituent une obligation ; mais pourquoi laisser en dehors du sénatus-consulte les autres actes juridiques, pourquoi ne pas frapper de nullité tous les actes qui entraîneront un appauvrissement pour la femme, tels que les actes d'aliénation ?

Il ne saurait y avoir de doute sur l'existence de la règle : les textes sont formels pour restreindre aux seules obligations la portée du sénatus-consulte [1] : *Non quæ diminuit restituitur*.

Il semble, à première vue, assez difficile de justifier une semblable distinction, car il est bien évident que la protection est plus nécessaire à la femme quand elle se dépouille irrévocablement que dans le cas où elle contracte une obligation qui pourra n'entraîner aucune diminution dans son patrimoine.

Les jurisconsultes romains en donnent une raison fort spécieuse : « Un appauvrissement certain et actuel est » moins dangereux qu'un engagement dont on ignore les » suites, car on s'y laisse moins facilement entraîner. » *Facilius se obligat mulier quam alicui donat* [2]. »

Les anciens commentateurs du sénatus-consulte nous donnent de la règle une autre explication, moins juridique peut-être, mais à coup sûr plus originale. Ils prétendent en effet que la femme, de sa nature, est portée à l'avarice, et qu'il n'y a pas à redouter qu'elle vienne au secours d'un débiteur malheureux en se dépouillant par une aliénation immédiate [3].

Tel est le principe général. Il est fort simple, mais les applications pratiques n'étaient pas sans soulever de sérieuses difficultés ; nous pourrons facilement nous en convaincre en parcourant quelques hypothèses citées dans les textes.

---

[1] L. 8, § 5. D. h. t.
L. 4, § 1. *Senatus enim obligatæ mulieri succurrere voluit, non donanti*.
[2] GIDE, p. 156.
[3] *Est enim genus mulierum avarissimum in donando. (Glose sur la loi 4, § 1.)* Cette remarque est d'Accurse.

Prenons comme exemple le droit de gage et le droit d'hypothèque.

Une femme veut intercéder pour un tiers et lui rendre service ; on peut concevoir qu'elle ait recours à l'un des trois moyens suivants : elle peut constituer une hypothèque sur ses propres biens, au profit de ce débiteur ; elle peut lui faire remise d'un droit de gage ou d'hypothèque qu'elle possédait antérieurement contre lui ; enfin, elle peut céder son rang hypothécaire à un créancier qui, en échange, consentira à prêter de l'argent au débiteur.

Les trois cas sont prévus par les textes, et la solution donnée par les jurisconsultes nous fera comprendre la portée pratique de notre première condition.

1° La femme ne peut constituer sur ses biens un droit de gage ou d'hypothèque, pour garantir la dette d'un tiers : il y aurait là une intervention prohibée par le sénatus-consulte. La femme, en effet, obligerait son patrimoine et pourrait dans la suite éprouver un préjudice dont tout d'abord elle n'aurait pas aperçu toute l'étendue [1].

2° Il n'en est pas de même, si nous nous plaçons en présence d'une renonciation faite par la femme, au profit d'un débiteur, à un droit de gage que celui-ci aurait consenti sur ses biens [2]. Dans ce cas, la femme n'engage ni sa personne ni ses biens ; elle aliène un droit, elle s'appauvrit : le sénatus-consulte ne saurait s'appliquer.

3° Que décider maintenant, si la femme cède son rang hypothécaire à un créancier qui, en échange d'un semblable abandon, consent à prêter des deniers au débiteur ainsi cautionné par la femme ? La solution n'est plus la même que dans le cas précédent ; les juris-

(1) Loi 8 pr., D. h. t. Loi 21, Code.
(2) Loi 11, Code, h. t.

consultes n'hésitent pas à appliquer la prohibition
Velléienne. La femme qui cède son rang hypothécaire
intercède (1). En effet, dans le cas précédent, la femme
pouvait se rendre compte de l'appauvrissement immédiat qui frappait son patrimoine, puisqu'elle perdait
sans retour son droit de gage ou d'hypothèque ; ici, au
contraire, elle peut se faire illusion sur la portée de son
engagement ; elle ne peut apprécier le préjudice qu'elle
éprouvera, car il n'est qu'éventuel et ne sera établi
qu'au jour où les poursuites contre le débiteur auront
démontré à la femme que son nouveau rang hypothécaire ne lui permet pas de venir en ordre utile dans la
distribution des biens affectés aux créanciers qui lui
sont préférables. Il fallait donc protéger la femme contre ce danger, et tel a été précisément le but que la loi a
voulu atteindre.

Nous avons posé, en principe général, l'opposition
que les textes semblent faire entre les actes par lesquels
la femme s'oblige, et ceux par lesquels elle diminue son
patrimoine, c'est-à-dire les actes d'aliénation.

Cette distinction, nous l'avons montré, résulte des
textes d'une façon fort claire et fort précise; la seule lecture des lois qui forment au Digeste le titre consacré au

---

(1) Loi 17, § 1, D. h. t. Il semble assez bizarre au premier abord que
nous nous trouvions ici en présence d'un cas d'intercession, puisqu'en
réalité, dans cette hypothèse, la femme n'engage ni sa personne ni ses
biens. Nous pouvons ainsi nous rendre compte du danger que présenterait
une méthode voulant donner une énumération des *intercessiones*. Il
serait assez difficile de faire rentrer le cas qui nous occupe dans une
des catégories que nous avons citées plus haut.

Dans notre système, nous n'éprouverons aucune difficulté à cet égard,
et, nous attachant aux éléments intrinsèques de l'acte accompli par la
femme, nous justifierons parfaitement la nullité de l'acte en disant que
si, en apparence, la femme n'oblige ni sa personne ni ses biens, elle
engage cependant un bien qui, sous certain rapport, fait partie de son
patrimoine, puisqu'il lui est affecté en gage, et, en consentant la cession
de son rang hypothécaire, elle contracte une véritable obligation dont
elle n'a pu prévoir les conséquences, et que la loi a dû frapper d'une
nullité absolue.

sénatus-consulte Velléien démontre d'une façon, à notre avis, péremptoire que c'est la femme qui s'oblige, et elle seule, qu'a voulu protéger la loi Velléienne.

Ce principe, admis jusqu'ici d'une façon à peu près indiscutable, a été contesté de nos jours par un savant romaniste [1] qui regarde comme beaucoup trop absolue la distinction faite jusqu'ici entre les actes d'aliénation et les actes de disposition.

Ce système, si nous l'avons bien compris, ne s'attaque pas directement à la règle que nous avons posée plus haut; il admet avec nous qu'en principe le sénatus-consulte prohibe les actes par lesquels la femme s'oblige, et laisse en dehors de son application les actes qui entraînent une diminution de son patrimoine.

Seulement, où ce système se sépare de notre manière de voir, c'est quand il s'agit de déterminer la portée de l'acte d'aliénation.

Dans cette théorie, on distingue entre l'aliénation parfaite et l'aliénation imparfaite. Toutes les fois que l'aliénation consentie par la femme n'est pas absolument définitive, toutes les fois que la loi lui permet par un moyen quelconque de revenir sur l'acte qu'elle a consenti, on doit encore appliquer le sénatus-consulte, bien que cependant on se trouve en présence d'un acte d'aliénation.

Ce système s'inspire d'un rapprochement assez naturel que l'on fait entre le sénatus-consulte Velléien et la loi Cincia. On considérait, sous l'empire de cette dernière loi, une donation comme imparfaite toutes les fois que l'emploi d'une exception était encore possible.

L'aliénation avait-elle pour objet une *res mancipi,* elle n'était pas complète si elle avait été réalisée par une

---

[1] M. LABBÉ, Appendice à la Dissertation de Machelard sur la loi Cincia. *Dissertation de droit romain et de droit français,* par E. MACHELARD. Paris, 1882.

simple tradition, et non par un mode translatif propre aux *res mancipi.* Dès lors le donateur, qui avait conservé le *dominium ex jure quiritium,* pouvait intenter une action en revendication, et si on lui opposait l'exception *rei venditœ et traditœ,* il avait à son service une réplique tirée de la loi Cincia pour repousser la prétention de l'acquéreur.

On transporte facilement d'une loi dans l'autre et on applique absolument les mêmes principes quand on se trouve en présence d'une aliénation consentie par la femme dans les mêmes conditions; la loi, dit-on, lui accorde les secours du Velléien, tant que l'aliénation ne l'a pas dépouillée d'une façon irrévocable et complète.

Cette manière de voir donne la clef d'une difficulté qui, jusqu'à présent, avait fort embarrassé les commentateurs tant anciens que modernes. Nous trouvons, en effet, au Digeste deux textes assez obscurs où la loi regarde comme *intercessio* des actes qui constituent cependant une véritable aliénation. Ces deux textes sont la loi 32, § 1, *ad Sct. Vell.,* et la loi 39, § 1, D. VI, 1.

Dans le premier, on suppose qu'une femme a vendu son fonds à un créancier à la condition que celui-ci libère son mari, et le jurisconsulte Pomponius se demande si on devra accorder à la femme la revendication; il n'hésite pas à répondre affirmativement, et il déclare que si on oppose à la femme l'exception *rei venditœ et traditœ,* celle-ci pourra, dans sa réplique, invoquer la protection Velléienne.

La loi 39, § 1, D. VI, 1, prévoit un cas analogue et donne la même solution [1].

---

[1] La loi 39 prévoit le cas d'une vente faite par un créancier hypothécaire, et M. Labbé fait remarquer que certainement, dans cette hypotèse, il n'y a pu avoir qu'une simple tradition et non une aliénation réalisée par un des modes du droit civil, puisque le créancier hypothécaire ne peut figurer dans un acte solennel, tel que la mancipation ou l'*in jure cessio,* à titre de mandataire.

Il est clair que la théorie que nous avons adoptée ne peut expliquer ces deux textes qu'avec la plus grande difficulté, tandis que le système de l'aliénation imparfaite ne voit dans ces deux cas que l'application pure et simple des principes qu'il a posés. « Il est probable, en » effet, dit-on, qu'il s'agissait de fonds, par conséquent » d'immeubles situés en Italie, donc de *res mancipi*. La » femme s'était bornée à la tradition, *vendidit et tradidit.* » Elle avait donc encore dans son patrimoine la pro- » priété quiritaire, tandis que le bien ne se trouvait que » *in bonis emptoris.* La *rei vindicatio* retenue par le *tra-* » *dens* fournissait à l'exception du sénatus-consulte » Velléien l'occasion de s'exercer par voie de réplique. »

Cette explication a encore pour ses auteurs le mérite de faire disparaître une divergence qui se rencontre entre la loi 39, dont nous venons de parler, et la loi 5, § 2, D. XVI, 1. Ce dernier texte prévoit encore le cas où la femme a vendu son bien pour en attribuer le prix à un tiers. Gaius, l'auteur du texte, déclare que dans ce cas le sénatus-consulte ne devra pas s'appliquer. Nous sommes en présence d'une aliénation qui a dépouillé la femme d'une façon irrévocable; elle ne saurait être protégée par la disposition du Sénat.

La différence entre ces deux décisions s'explique très bien, si l'on veut appliquer la distinction qui a été faite entre les aliénations parfaites et les aliénations impar- faites. Ici, qu'on le remarque bien, le jurisconsulte n'emploie pas les mêmes termes que dans la loi 39; il ne parle pas de *fundum,* mais de *rem,* ce qui permet de supposer avec probabilité que nous ne sommes plus en présence d'une *res mancipi,* et que la tradition a opéré au profit de l'acheteur un transfert immédiat de pro- priété; la *rei vindicatio* ne saurait donc pas être accor- dée à la femme, et cette solution est parfaitement juri- dique.

La théorie que nous venons d'exposer, on ne saurait

le nier, est fort ingénieuse ; mais elle ne nous paraît pas devoir être admise en présence des textes formels qui, nous l'avons montré, font une opposition absolument tranchée entre les actes d'aliénation et les actes d'obligation.

Nous ne pouvons que répéter ici ce que nous avons dit plus haut. Ce n'est pas à la femme qui diminue son patrimoine, mais à celle qui s'oblige, que le sénatus-consulte a voulu porter secours.

Sans doute, nous nous trouvons en présence de textes assez obscurs et assez difficiles à concilier, et l'explication qui est donnée par le système que nous combattons a certainement le mérite de supprimer la difficulté par un détour fort adroit ; mais rien ne prouve d'une façon absolue que telle ait été la doctrine suivie par les jurisconsultes.

Sur quoi, en effet, se base la théorie de M. Labbé ? Sur un rapprochement entre la loi Cincia et notre sénatus-consulte ; or, nous l'avons vu dans notre introduction, la première loi était générale et s'étendait aux deux sexes, tandis que la seconde est d'une application plus restreinte ; le parallèle établi entre les deux dispositions ne saurait être une raison suffisante pour permettre d'étendre à l'une les dispositions analogues de l'autre.

On se fonde encore sur des termes qui nous semblent sans portée pour établir une conciliation entre des textes qui semblent exprimer des idées et contenir des solutions contradictoires. Le seul point d'appui de cette théorie consiste dans la différence des deux expressions *rem* et *fundum,* qui se trouvent dans la loi 32, *ad Sct. Vell.*, et dans la loi 39, D. VI, 1, qui permet à ce système de conjecturer que dans le premier cas nous sommes en présence d'une *res nec mancipi,* et dans le second, d'une *res mancipi* qui n'a pu être valablement aliénée par simple tradition.

Il nous semble bien téméraire d'établir une théorie

sur une base aussi fragile, d'autant plus qu'à notre sens
les deux textes cités ne constituent pas, pour le commentateur, une énigme indéchiffrable, et qu'il est possible de les concilier d'une façon sinon certaine, du moins
satisfaisante.

Reprenons, en effet, les deux hypothèses, et exami-
nons-les d'une façon attentive.

Dans la loi 5, Gaius fait l'application du principe général: une femme, après avoir vendu sa chose, emploie
le prix qu'elle a reçu à payer pour un autre, *pretium
acceptum pro alio solvit,* ou elle délègue son acheteur
au créancier d'autrui; elle ne contrevient pas au sénatus-consulte, car ici elle ne contracte aucune obligation;
elle aliène ses droits au profit d'autrui; elle ne s'oblige
donc pas, la loi ne la protégera pas.

Dans l'hypothèse du § 2 de la loi 32, la situation n'est
plus la même. Nous sommes en présence d'une femme
qui veut intervenir en faveur de son mari, afin de le libérer d'une dette qu'il a contractée antérieurement. Si la
femme, pour réaliser cette intercession, avait vendu son
fonds, puis, une fois le prix payé, avait porté cet argent
au créancier de son mari, nul doute que dans cette hypothèse, Pomponius n'eût déclaré que le sénatus-consulte
cesserait de s'appliquer. Mais il n'en est pas ainsi, remarquons-le bien : la femme a consenti, elle s'est *engagée* à vendre son bien, afin que le prix en fût versé au
créancier : *fundum vendidit eâ conditione ut emptor
acceptam pecuniam viro referret.*

A quoi donc, en définitive, se résout l'engagement de
la femme ? à une obligation en faveur de son mari. En
réalité, nous avons ici deux opérations distinctes, la
vente en elle-même, et l'engagement que prend l'acheteur de désintéresser le créancier du mari. Nous sommes
donc dans la même situation que si la femme s'était engagée à verser une somme d'argent au créancier de son
mari. S'il en était ainsi, on n'aurait pas hésité à frapper

l'obligation de la femme; pourquoi en serait-il autrement, dans le cas la où femme a pris un détour pour échapper à la prohibition légale ? Nous nous trouvons donc évidemment en présence d'une intercession préexistante que la femme a voulu réaliser au moyen d'une vente, et c'est ce qui nous explique que le jurisconsulte ait appliqué à cette hypothèse l'exception du sénatus-consulte Velléien. En un mot, ce que le jurisconsulte a voulu frapper, c'est une intercession déguisée.

Nous trouvons, ici, une application du principe que nous avons posé au début de ce chapitre: c'est qu'il ne faut pas s'attacher à la forme de l'acte et à sa qualification juridique, mais bien plutôt l'analyser dans sa nature intrinsèque pour en découvrir le but et la portée. Or, nous voyons dans la loi 32 une femme qui s'est obligée à vendre son bien pour venir au secours de son mari; cette obligation qui résulte de la vente ne saurait être valablement souscrite par la femme, et Pomponius a fait une sage application des principes en donnant cette solution.

La fin du texte semble plus difficile à justifier. Nous y trouvons une règle qui semble absolument opposée à celle établie par Gaius dans la loi 5.

« Il doit en être de même, dit Pomponius, au cas où la » femme a livré sa chose non pour son mari, mais pour » un débiteur quelconque. »

Dans la loi 5, nous voyons au contraire que la femme qui livre sa chose ne contrevient pas au sénatus-consulte.

Nous n'avons pas ici la ressource d'échapper à l'argument, en discutant l'hypothèse ; c'est sous forme de principe général que s'exprime le jurisconsulte: on ne saurait nier la portée de la règle qu'il semble établir.

La contradiction entre les deux textes paraît donc flagrante.

Il n'en est rien, cependant, car nous trouvons au Digeste un texte de Gaius lui-même, qui nous montre que la règle établie par la fin du § 2 était admise par tous les auteurs.

Rapprochons, en effet, de la loi 32, § 2, les lois 39 et 40, D. VI, 1 : nous verrons les jurisconsultes poser le même principe que nous avons trouvé cité par Pomponius.

La loi 39, VI, 1, vise le cas où une femme a consenti un gage pour réaliser une intercession. Le créancier qui a *reçu le gage de la femme* l'a vendu à un tiers, et cependant on permet à la femme d'intenter une action en revendication contre ce tiers, et Gaius nous en donne la raison dans la loi 40 : *Quia nullum pignus creditor vendidisse videtur.*

Ne doit-on pas conclure de cette phrase, ainsi rapprochée de la loi 32, qu'il existait un principe général, admis sans conteste par tous : c'est que toutes les fois qu'un acte avait eu pour objet de déguiser une intercession, il ne fallait pas hésiter à le déclarer nul, quelle que fût sa forme ? Ce que l'on voulait frapper, ce n'était pas l'acte lui-même, c'était l'intercession qu'il avait eu pour but de réaliser.

Nous avons ainsi justifié la première condition requise pour que le sénatus-consulte soit applicable. Il faut que la femme s'oblige. Nous ajoutons : il faut qu'elle s'oblige pour autrui.

§ II. — *La femme doit s'obliger pour autrui.*

Il est nécessaire, pour bien comprendre cette seconde condition, de se rendre compte du but qu'a voulu atteindre le législateur. Il a voulu, d'une part, empêcher la femme de prendre une part au moins indirecte aux affaires publiques, en se créant des influences extérieures par les services que sa fortune pouvait lui permettre de rendre à autrui ; et il a voulu, de l'autre, la protéger contre les dangers qui pourraient résulter pour elle d'engagements pris à la légère, engagements d'autant plus redoutables que, n'entraînant pas un abandon immédiat de propriété, la femme pouvait les considérer comme sans portée sérieuse.

Pour atteindre ce double but, la loi a prohibé l'intercession, c'est-à-dire l'intervention d'une femme dans les rapports entre créanciers et débiteurs.

Pour que l'on rencontre une pareille intervention, il faut donc naturellement que la femme s'oblige pour autrui, envers une tierce personne; mais, remarquons-le bien, la loi ne défend pas à la femme de s'obliger envers autrui. Il faut donc avoir grand soin de distinguer l'obligation contractée *envers* un tiers et l'obligation contractée *pour* un tiers. Dans ce cas seulement, nous devrons appliquer la prohibition du sénatus-consulte. Les jurisconsultes romains avaient d'ailleurs parfaitement compris cette distinction, et les textes laissés par eux viennent l'établir d'une façon certaine.

Titius, nous dit la loi 19, § 4, à notre titre, hésite, vu l'incertitude des créances laissées par un défunt, à accepter son hérédité; une femme intervient et s'engage à le garantir contre toute espèce d'éviction et à lui fournir elle-même les sommes dont il ne pourrait se faire payer par les débiteurs héréditaires. Cette femme réalise un acte d'intercession prohibée.

La loi 6, § 1, au code, IV, 29, prévoit le cas d'un tuteur qui, ayant une cause d'excuse à faire valoir, refuse d'accepter la tutelle ; la mère, pour l'engager à prendre en mains les intérêts de son fils, déclare qu'elle l'indemnisera au cas où les biens du pupille ne seraient pas suffisants pour acquitter les charges de sa gestion. Dans ce cas, comme dans le précédent, aucun doute n'est possible : nous sommes bien en présence d'une *intercessio*. La femme, en effet, s'engage envers un créancier et en faveur d'une autre personne, dont l'insolvabilité pourrait devenir la source d'un grave préjudice pour celle qui a intercédé. Tous les dangers de l'intercession se retrouvent donc dans nos hypothèses ; la femme devait être protégée.

Tous les cas sont loin de présenter une aussi grande simplicité ; l'hypothèse prévue par la loi 8, § 1, nous en fournit une preuve convaincante.

Une mère intervient pour empêcher les tuteurs de son fils de vendre les biens qui lui appartiennent ; si, plus tard, ces biens viennent à dépérir, elle s'engage à indemniser les tuteurs contre toute espèce de risques. Devrons-nous voir dans cette intervention de la mère un acte d'intercession prohibée ?

A première lecture du texte, il semble bien qu'il n'y ait pas de doute possible. La femme s'oblige, elle s'oblige pour autrui, donc elle intercède : le sénatus-consulte doit s'appliquer.

Tout autre cependant est la solution du jurisconsulte Papinien : *Non putat eam intercessisse, nullam enim obligationem alienam recepisse, neque veterem, neque novam ; sed ipsam fecisse obligationem.*

Comment justifier ce résultat ?

Il suffit de se reporter, comme nous l'avons indiqué plus haut, à la notion de l'acte d'intercession. La femme, si elle est incapable de s'obliger pour autrui, n'est pas privée du droit de s'obliger à l'égard d'un tiers et en faveur de ce tiers. Or, ici, la femme s'oblige bien pour le tuteur, mais envers qui s'oblige-t-elle ? C'est envers le tuteur lui-même. Si l'on déclarait qu'il y a dans ce cas un acte d'intercession, il faudrait, par une conséquence logique, admettre que la femme est absolument incapable de contracter une obligation envers qui que ce soit ; résultat qu'il est absolument impossible de tirer du sénatus-consulte Velléien.

Dans le cas prévu par la loi 8, ce n'est pas une obligation d'autrui que la femme prend à sa charge, mais c'est une obligation nouvelle qu'elle fait naître, au profit du tuteur et envers lui ; il n'y a donc pas là un acte d'intercession [1].

Il faut cependant se garder avec soin de pousser cette idée à l'exagération. Nous trouvons en effet des textes où aucune obligation préexistante n'apparaît avant l'engagement de la femme, et cependant les auteurs déclarent qu'il y a dans cette obligation de la femme une contravention à notre sénatus-consulte.

Il peut y avoir engagement prohibé pour la femme, soit quand elle prend à sa charge une obligation ancienne (et tel serait le cas d'une *expromissio*), soit en créant une obligation nouvelle [2].

Un débiteur, peu solvable, demande une somme d'argent à un créancier qui lui oppose un refus formel. Une femme intervient et, prenant à sa charge les risques de l'insolvabilité du débiteur, emprunte elle-même les deniers pour les remettre ensuite à ce même débiteur. La femme, nous déclarent les textes, fait un acte d'intercession [3].

La différence, entre cette hypothèse et celle de la loi 8, § 1, n'apparaît pas très nettement au premier abord ; cependant elle est considérable.

Dans le cas précédent, nous étions en présence d'une femme qui n'a réalisé aucun acte d'intercession ni d'une façon directe, ni par voie détournée. En effet, la mère qui garantit le tuteur contre un recours éventuel ne rend aucun service à ce tuteur, elle ne s'oblige pas *pour* lui ; elle contracte, il est vrai, une obligation qui pourra, dans la suite, devenir très onéreuse, mais elle n'a pas déchargé le tuteur de cette obligation qui n'existait pas à sa charge, et qu'elle seule a fait naître de son propre mouvement.

(1) PAUL, *Sentences,* II, 11, § 2.
(2) L. 4, Code, IV, 29.
(3) L. 29, pr. D., h. t.

Si le tuteur avait vendu les biens, sa responsabilité eût été complètement mise à couvert, et il n'eût couru aucun risque par suite du dépérissement futur de ces biens; il serait donc souverainement injuste de l'en rendre responsable si elle vient à se produire, puisqu'en réalité elle n'est que le résultat d'une faute commise par la mère, faute dont celle-ci doit supporter les conséquences.

La mère n'a donc pas intercédé, parce qu'elle n'a pas pris à sa charge une obligation qui incombait à autrui.

Dans la loi 8, au contraire, nous sommes en présence d'un acte d'intercession véritable, car nous voyons une femme se charger d'une dette qui devait incomber à un autre. Sans doute, cette dette n'existait pas, et c'est la femme qui y donne naissance; mais il n'y a là qu'une manœuvre employée pour tourner la prohibition légale; la situation est la même que si le créancier eût d'abord prêté les deniers au débiteur, puis fait intervenir la femme comme caution de la dette contractée. C'est donc bien pour autrui que la femme s'est obligée, et l'on ne pouvait hésiter à appliquer le sénatus-consulte.

Nous avons ainsi terminé l'examen des deux premières conditions exigées pour qu'un acte juridique puisse être attaqué par une femme, conformément aux prescriptions du sénatus-consulte Velléien. Ces deux conditions sont en quelque sorte positives; les deux autres sont négatives et peuvent se formuler ainsi : *La femme ne doit pas s'obliger dans son intérêt personnel, ni agir dans un but libéral.*

§ III. — *La femme ne doit pas agir dans son propre intérêt.*

Il ne faut pas oublier que si la femme est frappée d'incapacité pour accomplir un acte d'intercession pour autrui, elle reste cependant capable d'administrer ses propres affaires. Il y aurait eu les plus graves dangers à empêcher les femmes d'accomplir un acte relatif à la gestion de son patrimoine, sous prétexte que cet acte revêtait les formes d'une *intercessio*.

On eût ainsi dépassé le but que se proposait la loi, d'écarter la femme des affaires publiques, ou de la protéger contre ses propres entraînements.

Quand un acte d'intercession est attaqué par la femme, il faut donc avoir grand soin de rechercher quel but celle-ci a cherché à atteindre. A-t-elle voulu s'engager dans l'intérêt d'autrui? l'acte est nul. A-t-elle voulu au contraire gérer sa propre affaire? l'acte est parfaitement valable.

Prenons un exemple (1). Un entrepreneur s'est engagé envers Prima à lui construire une maison pour un prix déterminé ; mais il manque d'argent pour payer la dépense nécessaire à l'édification de l'immeuble. Si cette femme donne à un créancier mandat de lui prêter de l'argent, ou intervient comme caution au prêt que le créancier a consenti, elle ne fera aucun acte d'*intercessio*.

Elle s'est pourtant obligée pour autrui; mais, en le faisant, elle n'avait en vue que son intérêt personnel : elle doit être tenue de l'engagement qu'elle a contracté.

Malgré la simplicité de la règle que nous étudions, il faut reconnaître que les textes manquent de précision à cet égard.

La loi 21 pr. semble poser en principe qu'il n'y a pas lieu à l'application du sénatus-consulte toutes les fois que l'obligation contractée par la femme a tourné à son profit (2).

Nous ne pensons pas qu'on doive prendre ce texte à la lettre. Sans doute, si la femme n'éprouve, à raison de l'acte d'*intercessio*, aucun préjudice, elle ne pourra invo-

(1) Accarias, II, p. 386. L. S., pr. et § 1er, XXVIV, 3.
(2) *Si pro aliquo mulier intercesserit, sed ad rem ejus quod acceptum est non versaretur, exceptio locum non habet, quia non fit pauperior.*

quer la protection de la loi; mais il ne faudrait pas croire que la seule existence de ce préjudice serait suffisante pour justifier la prétention de la femme. Ce à quoi le juge devra s'attacher, c'est à l'intention qui a présidé à la confection de l'engagement; le résultat ne peut avoir aucune influence. La femme a-t-elle voulu gérer sa propre affaire, ou est-elle intervenue dans l'intérêt d'autrui ? Là est toute la question.

Il n'y aurait pas davantage lieu d'appliquer la prohibition, si la femme avait reçu le prix de son intervention. Ici, en effet, nous sommes en présence d'un acte de spéculation qui ne rentre en aucune façon dans la catégorie de ceux que la loi a voulu interdire. De plus, on peut ajouter que la femme ayant reçu le prix de son engagement ne pourra pas en éprouver de préjudice.

Cette dernière raison ne doit pas cependant être généralisée; elle nous conduirait à déclarer que toutes les fois que le prix reçu par la femme ne sera pas l'équivalent du préjudice souffert, elle pourra invoquer le sénatus-consulte, raisonnement que nous n'hésitons pas à considérer comme inexact.

Doit-on conclure néanmoins qu'il n'y a pas lieu d'examiner si le prix reçu par la femme était en rapport avec le préjudice éventuel qui pouvait résulter pour elle de son engagement ?

Doit-on, en un mot, décider que le prix le plus minime versé à la femme serait suffisant pour lui permettre d'échapper à la prohibition Velléienne ? Les textes sont à peu près muets sur la question (1), et les anciens commentateurs se sont livrés à des controverses que nous nous garderons de reproduire ici.

Pour nous, le principe est des plus simples. La loi a voulu défendre d'intercéder; or, il est bien évident que la prohibition n'aurait plus aucune portée, si l'on per-

_____

(1) L. 21, L. 22, D. h. t.

mettait à la femme d'y échapper en recevant un prix dérisoire pour son *intercessio*.

D'un autre côté, on ne peut exiger qu'il y ait corrélation absolue entre le préjudice éventuel ou souffert et l'indemnité reçue; tout doit se résoudre, comme nous l'avons déjà dit, dans une question d'intention. C'est au juge à rechercher si la femme a voulu spéculer ou intercéder, et, sur ce point, on le comprendra sans peine, la loi ne pouvait poser des règles précises; elle a dû s'en rapporter à la sagesse et à la libre appréciation des juges.

Rien ne s'oppose, du reste, à ce que l'engagement soit validé pour une partie et annulé pour l'autre. Ce résultat est formellement consacré par les textes, et nous pouvons ajouter qu'il n'est autre chose que la sage application des principes généraux en cette matière. On peut, en effet, décomposer l'opération en deux parties: l'une renferme une intervention de la femme, avec une prestation qui l'indemnise des conséquences de son *intercessio;* dès lors la prohibition Velléienne ne saurait s'appliquer, puisque la femme n'a voulu que spéculer et non s'obliger pour rendre service à autrui; l'autre, au contraire, renferme tous les éléments de l'intercession prohibée.

Des textes assez nombreux pourraient être cités à l'appui de cette opinion; nous les laisserons de côté, car leur étude ne nous semble pas offrir un intérêt spécial pour le commentateur, et nous aborderons immédiatement l'étude de la quatrième et dernière condition que nous avons annoncée: l'absence de l'intention libérale.

§ IV. — *La femme ne doit pas agir dans un but libéral.*

Cette quatrième condition peut, au premier abord, sembler assez étrange; elle paraît, en effet, être en contradiction avec une règle que nous avons déjà posée, à savoir que la femme doit agir dans l'intérêt d'autrui. Rendre service à un tiers, agir dans son intérêt, n'est-ce pas lui faire en quelque sorte une libéralité? Toutes les fois que la femme intercède, elle agit dans un but libéral; par conséquent, le principe que nous essayons d'établir est la négation même des règles exposées jusqu'ici.

La contradiction signalée disparaît bien vite, si l'on veut s'attacher au vrai sens du mot libéralité.

Pour nous, la femme consent une libéralité quand elle appauvrit son patrimoine pour enrichir celui d'autrui.

Prenons un cas ordinaire d'intercession. Une femme se porte caution d'un débiteur; sans aucun doute, l'engagement qu'elle contracte peut être pour elle la cause d'une diminution peut-être fort onéreuse de sa fortune; mais, d'une part, cette diminution n'est qu'éventuelle: il se peut, en effet, que le débiteur principal paie sa dette; et, d'autre part, il n'y a pas d'enrichissement pour le patrimoine du débiteur, puisque celui-ci reste toujours tenu de la totalité de la dette.

La femme, nous ne le contestons pas, a agi envers ce débiteur dans un esprit de bienfaisance; elle a voulu lui rendre service, mais elle ne lui a pas fait donation; elle a donc intercédé, et son intercession doit tomber sous le coup du sénatus-consulte.

Supposons maintenant qu'après avoir consenti la caution, la femme renonce à toute espèce de recours contre le débiteur. Dans ce cas, semble-t-il, l'esprit libéral apparaît, puisque la femme, au cas où elle paiera pour ce débiteur, souffrira un appauvrissement sans aucune compensation.

Ici encore nous n'hésiterons pas à voir dans l'acte de la femme une véritable intercession prohibée, car l'intention de faire une libéralité n'apparaît pas d'une façon suffisante; la femme a pu se faire illusion sur la solva-

bilité de ce débiteur; elle a pu croire que l'engagement
pris par elle même, aggravé par l'abandon de son recours contre ce débiteur, était un engagement sans
portée, et la loi doit être appliquée dans ce cas comme
dans le précédent.

Reprenons, maintenant, la même hypothèse, et supposons que la femme prend le lieu et place du débiteur
et qu'elle renonce à tout recours contre lui; ici, nul
doute n'est possible : nous nous trouvons en présence
d'une véritable donation; l'appauvrissement de la
femme, s'il n'est immédiat, est du moins certain, puisqu'elle sera obligée de payer la dette d'autrui; cet appauvrissement sera sans aucune compensation pour
elle, puisqu'elle a renoncé à recourir contre son débiteur; il y a donc bien véritable libéralité de sa part, et,
par conséquent, il n'y aura pas intercession.

Pas n'est besoin d'insister longtemps pour justifier
une semblable solution; la femme, nous l'avons déjà
maintes fois répété, n'est incapable que d'intercéder,
mais non pas de faire une donation; or, il est bien évident que si l'on permet à la femme de livrer les deniers
à un débiteur pour se libérer, il serait complètement
inutile de l'empêcher de s'engager à sa place envers le
créancier, car, en réalité, les deux opérations aboutissent au même résultat.

D'ailleurs, remarquons-le en terminant, les motifs du
sénatus-consulte ne s'appliqueraient plus dans notre
hypothèse. Le Sénat a voulu protéger la femme contre
des engagements dont elle aurait pu ne pas prévoir la
portée; or, ici le danger n'est pas à craindre. Si la
femme prend la place d'un débiteur envers un créancier
de 100, elle sait parfaitement qu'elle sera obligée de
payer la dette de 100, quand viendra l'échéance ; elle
s'est donc engagée en connaissance de cause, et, si elle
a consenti, c'est évidemment qu'elle a voulu faire une
libéralité.

Enfin, si l'on veut aller au fond des choses, on doit comprendre qu'une femme ne consentira pas volontiers à faire de semblables libéralités pour rendre service à un débiteur, sans avoir des raisons particulièrement graves; l'abus et l'entraînement étaient peu à redouter en pareille matière.

Les jurisconsultes romains en font d'ailleurs la remarque avec la plus grande justesse : *Facilius se mulier obligat quam alicui donat* [1].

SECTION II

DES EXCEPTIONS

La règle posée par le sénatus-consulte Velléien était presque absolue, et l'on ne trouve que de très rares hypothèses où, par des motifs tout particuliers, on déroge aux principes qui ont été examinés plus haut. Parcourons rapidement ces quelques exceptions.

Il ne faudrait pas croire que toutes les fois que, dans un acte juridique où la femme agit avec des tiers, on lui refuse le bénéfice du sénatus-consulte, nous nous trouvons en présence d'une exception aux principes posés par le Sénat. En un mot, le refus de la protection Velléienne n'est pas un signe caractéristique suffisant de l'exception.

Pour qu'il y ait véritablement une exception, il faut que l'acte en lui-même réunisse toutes les conditions que nous avons déjà étudiées, et qu'il constitue bien véritablement l'intercession prohibée qu'a voulu frapper le sénatus-consulte. Alors, si, en présence de cet acte, nous voyons les jurisconsultes romains refuser à

_____

(1) Loi 4, § 1, *in fine*.

la femme la protection qui lui est accordée de droit
commun, nous pourrons dire qu'il y a bien là une véritable exception aux principes.

On peut répartir en trois catégories principales les
cas où, pour des raisons particulières, on déroge au
sénatus-consulte Velléien. C'est 1° quand l'intercession
repose sur une juste cause; 2° par faveur pour le créancier envers lequel la femme s'est obligée; 3° au cas de
dol de la femme.

I. *L'intercession repose sur une juste cause.* — Le législateur voulait protéger la femme contre les entraînements de son inexpérience, qui eussent pu lui faire
contracter des engagements trop onéreux, et sur la portée desquels elle se fût abusée; mais il ne fallait pas
aller trop loin, et il est certains cas où il devait permettre à la femme d'intervenir en faveur de personnes
dignes d'intérêt : une protection exagérée eût complètement dépassé le but que l'on se proposait d'atteindre.

Prenons les exemples cités par les textes.

La femme peut intercéder *pro dote,* c'est-à-dire s'obliger, envers le futur mari de sa fille, à constituer une dot
à cette dernière. Sans doute, la mère n'était pas obligée
civilement de constituer une dot à sa fille; mais la loi a
vu, dans ce cas, l'accomplissement d'une obligation morale, d'un devoir naturel, et il n'a pas hésité à sanction-
ner une pareille obligation, bien qu'elle réunît tous les
caractères d'une véritable *intercessio* [1].

Il en est de même quand l'*intercessio* a pour but d'é-
viter à un père les conséquences rigoureuses d'une condamnation judiciaire : on permet à sa fille d'intercéder
en sa faveur [2].

Enfin, la loi reconnait comme valable l'intervention
d'une fille qui s'offre à défendre comme *cognitor* à un

(1) Loi 41, D. XXIII, 5. L. 12, Code, *ad Sct. Vell.*
(2) L. 21, § 1, *ad Sct. Vell.*, XVI, 1.

procès au lieu et place de ses ascendants empêchés par la maladie ou par toute autre cause digne de pitié (1).

Il ne faudrait pas conclure de ces deux derniers exemples que l'on permet d'une façon absolue à la femme d'intercéder en faveur de ses proches parents; les textes démontrent d'une façon formelle que l'intercession est prohibée même à l'égard du père, et il faut restreindre aux seuls cas cités par les textes, ou à des cas analogues, les hypothèses où l'on fait fléchir les principes du sénatus-consulte (2).

II. *Exceptions basées sur une idée de faveur pour le créancier*. — Il peut quelquefois se présenter un conflit embarrassant entre l'intérêt du créancier et celui de la femme. Sans doute, de droit commun, et si l'on se trouve en présence d'un créancier ordinaire, la loi n'hésite pas à sacrifier ses intérêts à ceux de la femme; mais que décider, quand ce créancier est lui-même une personne que la loi couvre de sa protection?

Les textes examinent la question à propos d'une intercession faite au profit d'un débiteur dont le créancier était mineur de vingt-cinq ans (3). La loi décide que si le mineur éprouve un préjudice du fait de l'intervention de la femme, celle-ci ne pourra plus lui opposer l'exception du sénatus-consulte Velléien.

Tout d'abord, on refuse au mineur le droit de poursuivre la femme, celle-ci est protégée par le sénatus-consulte; le mineur doit s'adresser au débiteur principal, et ce n'est qu'au cas où ce dernier est devenu insolvable, que l'on permet au mineur de se retourner contre la femme et d'exiger d'elle la réparation du préjudice qui lui est causé.

III. *L'exception basée sur le dol de la femme*. — Le ju-

(1) Loi 41, D. III, 3.
(2) L. 2, § 3, Dig. XVI, 1.
(3) L. 12, *de minoribus* XXV *annis*. Dig. IV, 4.

risconsulte Ulpien pose à cet égard un principe fort clair et fort juste : *Deceptis non decipientibus opitulatur*. La loi veut bien protéger la femme qui est trompée, mais non celle qui trompe [1].

Nous devons ajouter que les jurisconsultes se montrèrent très rigoureux envers la femme, dans l'application de cette idée. On refuse la protection du sénatusconsulte non seulement à celle qui, par ses manœuvres directes, a trompé la bonne foi du créancier, mais encore à celle qui, connaissant le bénéfice de la loi, l'a laissé ignorer à celui qui contractait avec elle. Il n'aurait pas été juste, en effet, de permettre aux femmes d'user de la protection de la loi pour tendre des pièges à la bonne foi des créanciers, qui eussent subi des évictions d'autant plus onéreuses qu'elles eussent été plus difficiles à éviter. La loi devait donc protéger leur bonne foi et leur donner une arme contre les pièges des femmes peu scrupuleuses.

Les textes relatifs à cette délicate matière sont assez obscurs et ne permettent pas à l'interprète de dégager les principes d'une façon absolument certaine.

Les uns nous présentent l'exception fonctionnant dès que la femme se trouve en présence d'un créancier de bonne foi; d'autres, au contraire, semblent exiger qu'il y ait eu dol de la femme, ou tout au moins silence coupable que l'on assimile au dol [2].

Nous ne pensons pas cependant qu'il y ait lieu de s'arrêter à cette difficulté, et voici quelle solution nous semble devoir être admise à cet égard.

En principe, et d'une façon absolue, la loi exige la bonne foi du créancier, car on ne saurait protéger celui qui sciemment a cherché à violer la loi; mais la bonne foi seule du créancier ne serait pas suffisante : il faut en

---

(1) L. 2, § 3, *ad Sct. Vell.* XVI, 1.
(2) Loi 30 pr., D., h. t.

outre qu'il y ait eu dol de la part de la femme, car alors seulement celle-ci cessera d'être digne de la protection que lui accordait le législateur et devra être déclarée responsable de ses engagements.

1° *La bonne foi du créancier est toujours exigée.* — Que faut-il entendre par cette expression ? La bonne foi suppose une erreur de la part du créancier : il a cru contracter avec une femme qui agissait en son nom personnel et en dehors de toute intervention pour autrui ; il est alors de bonne foi, et le sénatus-consulte cesse de s'appliquer.

La loi 12 au Code, à notre titre, est formelle en ce sens et nous permet de déduire un argument *à contrario* sans réplique : *Locus est senatus-consulto, inquit Paulus, cum scit creditor eam intercedere.* Toutes les fois donc que le créancier aura connaissance de l'intercession, il ne pourra invoquer sa bonne foi.

Deux hypothèses peuvent se présenter où l'erreur est possible :

1° La femme agit elle-même, mais elle joue le rôle de personne interposée ;

2° La femme se fait représenter par un mandataire.

1° La femme prend elle-même part à l'acte d'intercession [1]. — Une femme emprunte directement à un créancier une somme d'argent, puis, le prêt effectué, elle remet cette somme à un tiers qui n'a pas paru dans l'acte et qui, en réalité, est le véritable emprunteur, puisqu'il bénéficie seul du prêt qui a eu lieu. Devrons-nous permettre à la femme d'opposer au créancier l'exception du sénatus-consulte ? Non, évidemment, car le créancier n'a pu savoir quel emploi la femme ferait des deniers qu'il lui a remis : cette dernière seule doit subir les conséquences de la manœuvre à laquelle elle s'est livrée.

---

[1] ULPIEN, Loi 11, *ad Sct. Vell.*

Une objection peut cependant venir à l'esprit. Si l'on refuse à la femme dans ce cas la protection de la loi, n'est-ce pas aboutir à une abrogation pratique du sénatus-consulte ? Il suffira de recourir à ce subterfuge pour permettre à la femme de contracter impunément des obligations défendues.

L'argument n'est pas fondé ; car, ne l'oublions pas, nous exigeons la bonne foi du créancier qui traite avec la femme, et c'est dans ce cas seul que nous refusons à la femme le secours du sénatus-consulte. De plus, admettre un autre résultat serait placer le créancier dans une position très critique vis-à-vis de la femme ; il ne pourrait jamais traiter en sécurité, puisqu'il ignorerait toujours si celle-ci agit pour elle-même ou pour autrui, et, dans le doute, il s'abstiendrait d'une façon absolue de traiter avec une femme. Cette dernière raison est indiquée dans le texte de la loi 11, d'une façon fort précise [1].

2° La femme a donné mandat à un tiers d'agir pour elle. — La loi 32, § 3, prévoit cette hypothèse. La solution donnée par le jurisconsulte romain est la même que précédemment, et il est facile de comprendre que les mêmes motifs peuvent être invoqués.

2° *Il faut que la femme ait commis un dol.* — Une première condition pour que le dol puisse se concevoir, c'est que la femme ait connu le bénéfice qui la protégeait, car il est bien évident que la mauvaise foi ne pourrait se comprendre, au cas où la femme croirait ne pas être protégée par le sénatus-consulte.

Le dol, nous l'avons déjà vu, peut consister, soit en manœuvres frauduleuses, soit en réponses mensongères, soit en toute espèce de machination propre à induire le créancier dans l'erreur [2]. Le dol peut encore

[1] *Alioquin nemo cum fœminis contrahet, quia ignorari potest quid acturæ sint.*
[2] Loi 2, § 3. Loi 30, pr., h. t.

résulter d'un silence coupable gardé par la femme, qui néglige de prévenir le créancier qu'elle agit pour autrui [1].

Il n'y aurait, selon nous, qu'un seul cas où le silence de la femme ne pourrait pas être invoqué contre elle ; la loi 17, à notre titre, prévoit cette hypothèse. Elle suppose que le créancier est en faute de n'avoir pas pris les précautions nécessaires, qui auraient pu lui révéler l'intercession de la femme ; il a, dans ce cas, une faute à se reprocher : il n'y a donc rien d'étonnant à ce que la loi lui refuse sa protection.

Nous avons ainsi parcouru d'une façon à peu près complète les cas d'application du sénatus-consulte, et ceux où, par des raisons particulières, la loi a cru devoir faire exception aux règles générales.

Nous pensons que ces exceptions doivent être limitées à celles que nous avons indiquées ; mais des auteurs ont cru devoir admettre une nouvelle catégorie d'hypothèses où le sénatus-consulte ne serait pas appliqué : nous voulons parler de la renonciation au sénatus-consulte, volontairement consentie par la femme. Examinons en quelques mots les raisons invoquées pour soutenir cette théorie.

IV. — *Renonciation au sénatus-consulte Velléien.* — Il faut, en examinant cette question, se prémunir contre une fausse idée, relative au fonctionnement de la protection Velléienne.

Nous avons vu que la loi voulait à la fois protéger la femme contre sa faiblesse, et, d'un autre côté, lui enle-

(1) Loi 4, pr. Loi 17, § 1er. Loi 27, pr.

Ces deux derniers textes semblent présenter une contradiction qui disparaît bien vite, si l'on veut remarquer qu'il ne suffit pas du seul dol ou du silence de la femme, mais encore que la bonne foi du créancier est exigée. Dans la loi 17, on lui refuse protection, car il a commis une faute en ne s'inquiétant pas du dol de la femme ; sa bonne foi n'existe pas, puisque son erreur n'est pas excusable ; tandis que dans la loi 27, on suppose cette condition réalisée.

ver tout accès aux charges publiques. Le moyen choisi par le législateur pour atteindre ce but consiste à défendre aux femmes d'intercéder, c'est-à-dire de contracter des engagements qui, tout en ne la dépouillant pas immédiatement, pourront lui permettre de rendre service à autrui et d'obtenir au profit des tiers un crédit qui leur fait défaut ; en un mot, la femme ne peut pas s'obliger pour autrui.

Quand nous nous demandons si la femme peut renoncer à cette protection et violer cette défense, nous n'entendons pas, par là, nous poser la question de savoir si une femme qui a intercédé pour autrui peut renoncer au droit d'invoquer le sénatus-consulte quand elle est poursuivie en paiement.

Supposons que Prima a cautionné envers Secundus l'obligation de Tertius ; Tertius n'a pas pu payer, et Secundus se retourne contre la femme et lui demande le paiement de la somme due par le débiteur. Il est bien évident que la femme peut renoncer à opposer le bénéfice de la loi et verser la somme entre les mains du créancier. Rien n'empêche à la femme de s'appauvrir au profit d'autrui; elle fera donc un paiement valable, et dans ce sens on pourrait dire qu'elle peut renoncer au sénatus-consulte Velléien.

Mais telle n'est pas la question qui est discutée par les auteurs. Ceux-ci supposent qu'au moment de l'acte d'intercession, la femme renonce à se prévaloir de l'exception Velléienne, ou bien que cette renonciation est postérieure à l'acte de cautionnement, mais antérieure à toute question de paiement.

Devra-t-on tenir pour valable une renonciation intervenue dans ces circonstances ?

Les auteurs qui admettent la renonciation invoquent un argument de principe que nous pouvons formuler ainsi :

La loi n'a pas voulu défendre à la femme de disposer

de son patrimoine pour cautionner la dette d'autrui; elle n'a eu pour but que de mettre la femme en garde contre des engagements pris à la légère, qui pourraient avoir de graves conséquences au point de vue de son patrimoine. La femme incapable de s'obliger peut le faire, nous l'avons vu, quand elle agit dans un but libéral. Or, dans notre hypothèse, nous nous trouvons précisément dans ce cas. La femme qui renonce à son bénéfice ne s'engage pas à la légère, elle sait qu'en cas d'insolvabilité du débiteur, elle n'aura aucun moyen à opposer au créancier; en un mot, en se privant elle-même de toute protection, elle montre d'une façon évidente son intention libérale, et sa volonté doit être respectée, puisqu'elle est capable de disposer de son patrimoine à titre gratuit.

Cet argument serait valable, si l'on établissait que la femme s'est immédiatement dépouillée de ses biens; mais il n'en est rien. Elle a pu croire qu'en renonçant au sénatus-consulte, elle ne compromettait pas son patrimoine, et que le débiteur pourrait payer la dette sur ses propres biens; l'idée libérale n'apparaît donc pas clairement dans l'intention de la femme, et le sénatus-consulte doit néanmoins la couvrir de sa protection.

D'ailleurs, qui ne voit qu'une semblable théorie ne serait autre chose que l'abrogation tacite du sénatus-consulte Velléien? La clause de renonciation fût devenue de style dans tous les actes où la femme serait intervenue pour autrui, et le danger de la clause de renonciation eût été d'autant plus grand que la femme eût plus volontiers renoncé à ce bénéfice, en pensant qu'il ne pouvait lui être d'aucun secours, puisqu'elle ne croyait pas engager effectivement son patrimoine.

D'un autre côté, si l'on se place au point de vue de l'esprit qui a guidé le législateur, on verra qu'il est impossible d'admettre la théorie de la renonciation.

Le sénatus-consulte s'est-il inspiré d'une idée de

défiance à l'égard de la femme? Il est inadmissible que la femme puisse volontairement renoncer à une loi d'ordre public, qui a pour but de l'exclure des affaires politiques; ce serait lui permettre de violer ouvertement une loi d'intérêt général.

Si l'on admet que la loi a voulu protéger la femme contre sa propre faiblesse, ne doit-on pas également repousser toute idée de renonciation, puisque ce serait déclarer que le législateur a détruit complètement l'efficacité de sa protection, en permettant à la femme d'y renoncer en même temps qu'elle contractait l'obligation qu'il voulait lui interdire ?

Ces considérations sont plus que suffisantes pour repousser la théorie que nous combattons; nous devons cependant examiner, d'une façon rapide, si les textes sont d'accord avec les principes généraux. A cet égard, nous n'aurons pas de peine à établir notre manière de voir.

On doit, tout d'abord, écarter du débat les textes cités par le Code ou les Novelles, puisque, dans notre étude, nous nous sommes placés à l'époque des jurisconsultes classiques, et complètement en dehors des innovations réalisées par Justinien.

Si nous voulons ne nous attacher qu'aux seules lois du Digeste, la solution que nous avons adoptée se trouve confirmée d'une façon absolument formelle par les jurisconsultes.

C'est d'abord la loi 28, § 1, D. h. t.; on déclare que tout ce qui a pu être imaginé pour violer d'une façon indirecte le sénatus-consulte tombe sous la prohibition légale : *Omnia quæ in fraudem Senatusconsulti excogitata probari possunt.* Or, pourrait-on concevoir que le législateur, qui assure avec tant de soin la stricte observation des règles par lui posées, ait pu permettre à la femme de renoncer volontairement au bénéfice du sénatus-consulte et se soustraire par ce moyen facile à des prohibitions pourtant fort rigoureuses? S'il en avait été ainsi, il aurait détruit lui-même son œuvre, en autorisant d'un côté ce qu'il défendait de l'autre.

Un argument semblable peut être déduit de la loi 30; on suppose qu'une femme *instruite* de son bénéfice commet un *dol* en intercédant. Comment concevoir le dol dans cette hypothèse, si la femme peut renoncer au bénéfice du sénatus-consulte? Si la femme commet un dol, c'est qu'elle ne peut se soustraire à la prohibition légale par une renonciation, et que malgré cette renonciation elle pourrait néanmoins opposer au créancier le bénéfice de l'exception.

Nous n'insisterons pas plus longtemps sur la portée de ces textes; ils nous semblent absolument formels et consacrent notre solution sans qu'aucun doute puisse s'élever à cet égard.

L'opinion adverse nous oppose cependant la loi 32, § 4, qui semble contenir une solution tout opposée. Cette loi prévoit formellement le cas où la femme peut s'engager par-devant le magistrat à ne pas user de son exception, et lui permet par conséquent de renoncer au bénéfice du sénatus-consulte.

Voici l'hypothèse contenue dans ce texte : Une femme veut prendre en justice la défense du débiteur pour lequel elle a intercédé; elle veut ainsi le libérer, grâce à une *expromissio,* en s'exposant à être condamnée à sa place. Elle doit, nous dit le texte, promettre qu'elle n'usera pas de son exception et donner caution de sa promesse : *Cavere debebit exceptione se non usuram.*

A première vue, ce texte semble concluant et permet de dégager de ses termes la possibilité pour la femme d'une renonciation volontaire. Si, en effet, le prêteur fait promettre sous caution à la femme de ne pas user de son exception, c'est que la renonciation peut être valablement faite par cette femme; autrement la caution n'aurait aucun objet.

Nous ne pensons pas que l'on doive s'arrêter à cette difficulté de texte. Avant d'entrer dans l'examen de la lettre même de la loi 32, nous devons remarquer qu'elle se présente à nous comme une décision absolument contraire à l'esprit du sénatus-consulte, de sorte que l'interprète est autorisé à la regarder comme un texte exceptionnel et dérogatoire aux principes généraux. On peut donc sans témérité, tout en reconnaissant la portée entière du texte, ne le considérer que comme une décision d'espèce, rendue dans un cas particulier et n'ayant aucune influence au sujet de la jurisprudence généralement admise par les jurisconsultes romains.

Cette considération, que nous regardons comme fondamentale, nous permettra de passer rapidement sur les controverses soulevées par l'explication exégétique de ce fragment ; nous ferons simplement remarquer combien la décision de Pomponius se concilie peu avec la théorie de la renonciation. Pourquoi, en effet, exiger de la femme une *cautio,* si la renonciation volontaire de sa part est valable ? En renonçant au sénatus-consulte, elle s'interdit toute espèce de recours par voie d'exception, et dès lors on ne comprend pas pourquoi le texte exige la nécessité d'une caution pour garantir sa promesse.

Nous ne prétendons pas, comme l'a fait un savant romaniste [1], que la présence de cette *cautio* soit un argument qui prouve la défense de renoncer, car cette explication serait tout aussi erronée que la première, puisque si la renonciation n'est pas valable, l'engagement accessoire de la caution sera frappé de la même nullité ; la conclusion que nous pouvons déduire de notre texte, c'est qu'il n'a aucune portée sérieuse à propos de la question qui nous occupe ; il constitue une

[1] M. GIDE, p. 162.

anomalie tout aussi inexplicable dans un système que dans l'autre, de sorte qu'il nous paraît devoir être écarté du débat.

Nous restons donc sous l'empire des principes généraux, et, nous conformant au texte et à l'esprit du sénatus-consulte, nous pensons être dans la vérité, en affirmant qu'à l'époque classique, la femme ne pouvait pas renoncer au bénéfice du sénatus-consulte Velléien.

Nous avons passé légèrement, dans la section III, la question relative aux effets d'une *intercessio* viciée à l'origine, mais qui a fini par devenir avantageuse à la femme ; nous retrouverons plus tard ce point en examinant les réformes de Justinien.

CHAPITRE II

Nous avons examiné, dans le chapitre qui précède, les conditions requises pour qu'un acte juridique puisse tomber sous le coup de la prohibition édictée par le sénatus-consulte Velléien ; nous allons supposer maintenant que ces conditions sont réalisées, et rechercher quelles seront les conséquences de cette contravention à la loi.

Le texte, au premier abord, semble n'édicter qu'une prohibition fort vague ; le sénatus-consulte, en effet, recommande aux magistrats d'accorder tous leurs soins à ce que la volonté du sénat soit observée, et il ajoute, à la fin du texte, qu'en agissant ainsi, les juges feront sagement : *recte facturos* [1].

Une semblable manière de s'exprimer paraît singulière dans la bouche d'un législateur qui doit donner des ordres et non pas des conseils aux magistrats ; mais il ne faut pas s'attacher aux termes eux-mêmes, il faut aller au fond des choses et pénétrer l'esprit et la pensée du législateur. Ce n'est pas seulement une prière qu'il adresse au juge, mais c'est un ordre formel qu'il devra dans tous les cas respecter d'une façon absolue. Jamais

_____

(1) Loi 2, § 1, h. t.

un créancier ne pourra agir en justice contre la femme : *Ne eo nomine ab his petitio, neve in eas actio detur*. Plus loin encore [1], les jurisconsultes s'expriment d'une façon non moins claire et déclarent que le sénat infirme l'obligation tout entière.

Il ne peut donc y avoir aucun doute sur la portée pratique de notre sénatus-consulte ; une sanction énergique frappe toutes les contraventions qui violent sa défense.

Pour examiner, d'une façon logique, le fonctionnement de la loi Velléienne, nous supposerons, une fois pour toutes, que nous sommes en présence d'un acte qui contient une intercession prohibée, et nous examinerons alors les différentes hypothèses qui peuvent être soulevées en justice, à propos de cet acte défendu.

Un acte d'intercession réunit en principe trois personnes : le débiteur principal, le créancier, et enfin la personne qui a intercédé pour le débiteur. Si l'acte d'intercession tombe sous le coup de la loi, la situation respective de ces trois personnes va se trouver modifiée d'une façon sensible ; ce sont précisément ces modifications qui constituent les effets de notre sénatus-consulte.

A l'égard du débiteur principal, les effets de la loi sont de peu d'importance ; il reste toujours tenu de son obligation, et le point de savoir si l'intercession de la femme est valable ou non ne saurait avoir d'influence sur sa situation juridique, vis-à-vis du créancier.

Les deux seules personnes qui jouent un rôle dans le procès sont : le créancier d'une part, et la femme de l'autre.

Nous nous placerons donc à ces deux points de vue.

(1) Loi 16. D. h. t.

SECTION PREMIÈRE

DES EFFETS DU SÉNATUS-CONSULTE A L'ÉGARD DE LA FEMME

La femme qui a réalisé un acte d'intercession peut se trouver dans deux situations qu'il importe de distinguer avec soin. Elle peut avoir exécuté son obligation, et s'adresser alors au juge pour obtenir la restitution de ce qu'elle a versé au créancier ; ou bien elle n'a pas exécuté son obligation, et le créancier, prenant les devants, la poursuit devant le juge pour la forcer d'accomplir son engagement. En en mot, la femme peut être défenderesse ou demanderesse ; examinons les deux cas.

§ Ier. — *La femme est défenderesse.*

Le magistrat auquel s'adresse le créancier peut recourir à deux procédés : il peut soit refuser l'action au créancier, soit la lui accorder, mais en insérant dans la formule l'*exceptio Senatusconsulti Velleiani* en faveur de la femme.

1º Refus d'action. Cette hypothèse se produira dans la pratique quand le fait de l'*intercessio* sera évident et ne soulèvera aucune contestation. Le juge, dans ce cas, devra refuser au demandeur toute action contre la femme, qu'il s'agisse d'action réelle ou d'action personnelle ; le texte est formel dans ce sens : *Neve petitio, neve actio detur*[1]. La loi a voulu montrer par là que, quelle que soit l'action intentée contre la femme, et quelle que soit la base de la poursuite, le devoir du magistrat est de protéger la femme par une fin de non-recevoir absolue.

(1 Loi 2, § 1.

Cette procédure du refus d'action a le mérite incontestable d'arrêter le procès dès le début et de trancher ainsi toutes les difficultés qui peuvent se produire entre les parties. Cependant il faut remarquer que cette hypothèse ne devait pas être très fréquente en pratique, car si un créancier se résout à intenter un procès, c'est qu'il pense avoir des chances de voir triompher sa cause ; il éprouve du moins des doutes sur la validité de l'action qu'il poursuit devant le magistrat; en un mot, il est bien rare qu'une difficulté juridique ne soit pas en jeu. Or, on le sait, le préteur qui délivrait la formule ne tranchait pas ces délicates questions; il se bornait à les signaler à l'examen du juge, qui se prononçait sur le fond du litige.

Dans ce cas, le magistrat insérait dans la formule qu'il remettait aux parties une exception qui avait pour but de tracer au juge la règle qu'il devait suivre, s'il lui semblait que le sénatus-consulte avait été transgressé. Les anciens auteurs l'avaient appelée *exceptio Senatusconsulti Velleiani* [1].

La formule indiquait donc, tout d'abord, la prétention du créancier; puis le juge devait en outre examiner si, tout en reconnaissant comme bien fondée la demande principale, il n'y avait pas lieu néanmoins de la repousser, par cette raison spéciale que cette demande, juste en elle-même, était cependant frappée dans le cas actuel par la prohibition du sénatus-consulte.

L'exception du sénatus-consulte Velléien fonctionne donc comme moyen normal de protection; c'est, en un mot, le droit commun en cette matière. Nous devons nous y arrêter un instant.

Nous examinerons 1° contre qui est donnée l'exception; 2° à qui elle profite; 3° quelle en est la durée.

---

(1) Il ne nous est pas possible d'indiquer, même sommairement, dans le cours de ce travail, le mécanisme de la procédure romaine ; nous ne pouvons que renvoyer à l'excellent traité de M. Accarias, qui développe ces points d'une façon fort claire et fort précise.

I. *Contre qui est donnée l'exception.* — L'intercession prohibée peut se produire sous des formes multiples, et nous avons eu bien soin d'éviter toute espèce de classification à cet égard; aussi, nous ne saurions trop le répéter, on ne doit pas ici s'attacher à la forme de l'acte, mais à ses éléments propres, pour savoir si l'on se trouve en présence d'un acte d'intercession.

Dès que le magistrat croira se trouver dans l'un de ces cas, il ne devra pas hésiter à accorder l'exception contre le créancier qui attaquera la femme.

Il en serait de même si la femme se trouvait en présence d'un fidéjusseur ou d'un mandataire de la femme qui viendrait exercer contre elle un recours par suite du préjudice causé à eux par l'intercession [1].

Nous pouvons résumer notre pensée dans cette formule générale : *Quiconque exerce contre la femme une action dont la source est dans l'intercession, pourra se voir opposer l'exception Velléienne.*

Avant d'aller plus loin dans l'examen du moyen de défense accordé à la femme, nous devons remarquer qu'il peut se présenter, non pas seulement sous forme *d'exception* proprement dite, mais à l'état de *réplique*. Nous avons vu se présenter le cas dans la loi 31, § 2, sur laquelle nous avons déjà longuement discuté.

II. *A qui profite l'exception ?* — Nous nous trouvons ici en présence d'une particularité assez remarquable, qui nous montre à merveille combien était efficace l'exception Velléienne.

Que l'action intentée contre la femme ne puisse aboutir, rien n'est plus naturel; c'est la femme que l'on protège, il est donc juste qu'elle soit la première à profiter de l'exception.

---

(1) Loi 7 et loi 32, § 5. D. h. t.
Loi 19, § 5. D. h. t. Cette loi prévoit un cas que le jurisconsulte Africain assimile à celui du fidéjusseur, bien qu'il y ait quelque différence dans les faits, mais la solution n'est pas moins certaine.

Mais si la loi s'était bornée à protéger la femme, et elle seule, contre les poursuites des créanciers, le but du sénatus-consulte n'aurait pas été atteint, car il peut très bien arriver que d'autres personnes se soient obligées, soit par l'ordre de la femme, soit accessoirement avec elle. Or, il est évident que si ces tiers ne peuvent opposer l'exception au créancier qui les poursuit, ils se retourneront contre la femme pour obtenir d'elle l'indemnité correspondante au préjudice par eux éprouvé du chef de l'intercession; et si la femme est obligée de les désintéresser, la protection du sénatus-consulte sera donc sans effet à son égard, puisqu'on la force à payer à ses coobligés ce qu'on lui permet de refuser au créancier demandeur.

Il fallait donc, pour éviter ce résultat, étendre à tous les tiers engagés avec la femme la protection du sénatus-consulte, et ceux-ci, pouvant opposer l'exception au créancier, n'auront plus à recourir contre leur débitrice; la prohibition Velléienne sera absolue dans ses effets.

Les jurisconsultes romains indiquent ce résultat, en nous disant que l'obligation tout entière est annulée : *Totam obligationem senatus improbat.* On veut dire par là que non seulement l'obligation contractée par la femme est frappée de nullité, mais encore que toutes les conséquences indirectes qui peuvent se produire contre elle sont atteintes par la même sanction.

L'exception profite à la fois à la femme et à tous ceux qui se sont obligés avec elle ou par son ordre; l'exception, en un mot, est *rei cohærens* [1].

Pour examiner la situation respective des différentes personnes auxquelles est accordée l'exception Velléienne, il faut faire une distinction analogue à celle que nous suivons en ce moment à l'égard de la femme; la solution varie, en effet, suivant que ces tiers sont dé-

(1) Loi 7, § 1. D. 44, I, *de Exceptionibus.*

fendeurs ou demandeurs; nous pourrions encore dire, avec quelques auteurs, suivant qu'ils ont exécuté ou non leur engagement.

1ʳᵉ Hʏᴘᴏᴛʜᴇ̀sᴇ : Les tiers n'ont pas exécuté leur engagement.

Ce cas est le plus simple et n'offre guère de difficulté; le tiers pousuivi opposera au créancier la même exception que la femme, et, par ce moyen, il sera à l'abri de toute poursuite.

Quels sont ces tiers?

1° En premier lieu, nous placerons le mandataire de la femme. Si l'on refusait l'exception à ce mandataire, qui a agi sur l'ordre de la femme, on offrirait à celle-ci un moyen trop facile de violer le sénatus-consulte, puisque, par un subterfuge assez simple, elle pourrait en éviter la prohibition.

Le mandataire poursuivi exécuterait son obligation, puis, par l'action *mandati contraria,* se ferait indemniser par la femme de ses déboursés. La fraude est déjouée en accordant au mandataire l'exception donnée à la femme.

2° Le fidéjusseur qui a cautionné l'obligation de la femme sera protégé par le sénatus-consulte. Quelques jurisconsultes romains distinguaient entre le fidéjusseur qui a reçu mandat de la femme et celui qui s'est obligé *proprio motu;* mais cette distinction était combattue par la grande majorité des auteurs, de sorte que l'on peut dire, d'une façon générale, que dans tous les cas où un fidéjusseur est adjoint à l'engagement de la femme, il peut bénéficier de l'exception Velléienne.

La loi 16, § 1, nous rapporte la controverse qui s'était élevée à cet égard.

Le jurisconsulte Gaius Cassius tenait pour la première solution. Seuls sont protégés le mandataire de la femme et le fidéjusseur qui s'est porté caution à la demande de celle-ci. Cette opinion, au premier abord, semble très

logique, car le fidéjusseur qui n'a pas agi sur l'ordre
de la femme, ou qui ne s'est pas présenté dans l'opération comme son gérant d'affaires, ne saurait bénéficier
d'une protection spéciale ; il a agi à ses risques et périls,
sans y être forcé : on ne doit pas venir à son secours.

Nous devons reconnaître que cette doctrine avait été
repoussée par les auteurs classiques.

On a cherché une explication plausible de ce résultat
en apparence bizarre, en disant que la loi place sur la
même ligne, à l'égard de la femme, celui qui a cautionné
en se réservant un recours contre elle, et celui qui agit
sans intention de se faire indemniser, puisque, dans les
deux cas, la femme pourra opposer l'exception au fidéjusseur. Dès lors, il n'y a donc pas lieu de faire entre
eux une différence vis-à-vis du créancier ; si vis-à-vis de
la femme ils sont désarmés, à l'égard du créancier ils
doivent, au contraire, jouir du même privilège et avoir
tous deux le secours de l'exception [1].

Nous avouons ne pas avoir saisi la portée exacte de
cette argumentation et ne pas comprendre comment on
peut tirer un argument d'analogie d'une situation à
l'autre. Il est bien certain, au contraire, que dans le premier cas, le fidéjusseur qui agit sur l'ordre de la femme
doit jouir d'une situation meilleure que celle du second
débiteur, qui a consenti une fidéjussion à ses risques et
périls et n'a pas de raison à invoquer pour se faire dé-
charger de son engagement.

Pour nous, ce n'est pas dans la situation respective
des personnes en jeu qu'il faut puiser des arguments
pour justifier la solution de la loi 16, § 1 ; c'est dans les
principes mêmes qui servent de base au sénatus-consulte Velléien qu'il faut chercher le secret de cette décision.

_____

(1) Dubois, _De la condition des femmes sous le rapport du sénatus-
consulte Velléien_, p. 89.

Les jurisconsultes nous déclarent à l'envi que l'exception du sénatus-consulte est une exception dont la portée est absolue, qui anéantit l'obligation tout entière, c'est-à-dire non seulement le fait de l'incercession elle-méme, mais tous les actes qui s'y rattachent.

Sans doute, le législateur a eu en vue la protection de la femme; mais, ne l'oublions pas, il poursuit encore un but d'ordre public, l'immixtion des femmes dans les affaires publiques, et, pour atteindre ce résultat, il défend l'intercession. Or, en partant de ce point de vue, il faut surtout s'attacher à cette idée principale : sommes-nous en présence d'un fait d'intercession? Si oui, la loi a été violée, et le meilleur moyen de la faire respecter est de déclarer que toutes les personnes qui auront participé à cette intercession prohibée seront déchargées de leur engagement. N'était-ce pas là, en effet, un remède souverain et bien efficace pour arrêter un créancier qui aurait cherché à tourner la loi, grâce à des subterfuges adroitement combinés ?

Il n'y a donc pas à rechercher quelle a été la pensée des fidéjusseurs et comment ils sont intervenus à l'acte; il suffit qu'ils aient pris part à une intercession prohibée pour qu'ils puissent opposer *l'exceptio Velleiana*.

3° Au fidéjusseur de la femme, on doit assimiler le tiers qu'une femme aurait délégué au créancier pour s'engager à sa place.

La situation dans laquelle se trouve ce tiers est la même que celle d'un fidéjusseur; il pourra donc invoquer la protection du sénatus-consulte [1].

En parcourant ces différentes hypothèses, nous avons passé sous silence une question qui cependant est de la plus haute importance en notre matière; nous voulons parler de la bonne foi des parties.

Du côté du créancier, nous n'aurons qu'à nous référer

[1] Loi 8, § 4. D. h. t.

à des explications données plus haut (1). S'il n'est pas de bonne foi, il ne peut jamais invoquer la protection de la loi, et, dans tous les cas, il sera repoussé par l'exception.

Il en sera de même du côté du fidéjusseur de mauvaise foi; la loi se refuse de le protéger, comme elle refuse sa protection aux femmes qui veulent tromper les tiers.

Mais que décider si le créancier et le fidéjusseur sont l'un et l'autre de bonne foi?

Les jurisconsultes romains se montrent très sévères à l'égard du fidéjusseur, et déclarent qu'il ne pourra opposer au créancier l'exception du sénatus-consulte; il ne peut lui opposer, dit Papinien, son ignorance de fait (2).

Il est facile de reconstituer dans son entier le raisonnement que Papinien expose d'une façon si concise. Le fidéjusseur a dû savoir que la femme intercédait pour autrui; il a été mêlé à l'opération, et avec plus de précaution il aurait pu se rendre compte du rôle hasardeux qu'on lui faisait jouer. Son erreur n'est donc pas excusable, et il ne pourra se soustraire à la poursuite du créancier de bonne foi.

Supposons maintenant que le créancier et le débiteur accessoire savaient parfaitement qu'ils contrevenaient à la loi. Devra-t-on donner l'exception au fidéjusseur?

Il ne faut pas hésiter à répondre non. Sans doute, le créancier n'est pas de bonne foi et ne peut invoquer son erreur; mais le procès ne se présente pas sous cet aspect; le créancier agira en vertu de l'action *ex stipulatu* qui lui est accordée, de droit commun, contre le fidéjusseur. Si ce dernier eût été de bonne foi, il lui eût opposé l'exception du sénatus-consulte Velléien; mais il ne pourra pas le faire dans le cas actuel, car le préteur refu-

(1) *Voy.* plus haut.
(2) Loi 7. *Quia facti non potest ignorationem prætendere.*

sera de la lui accorder à cause de sa mauvaise foi, de
sorte que l'action du créancier triomphera sans obstacle.

2ᵉ Hypothèse : Les tiers ont exécuté leur engagement.

Il est bien certain que la loi ne pouvait laisser sans
protection des tiers de bonne foi qui, n'étant pas tenus
de la dette, avaient cependant exécuté une prestation
qu'ils n'auraient pas dû payer.

Quel recours sera donné à ces tiers ? Dans quel cas ?

Pour résoudre ces questions, il faut se placer dans les
différentes hypothèses qui peuvent se présenter en pratique.

Ces tiers peuvent en effet recourir tantôt contre la
femme, tantôt contre le créancier, tantôt enfin contre le
débiteur principal.

1° Dans quels cas les tiers pourront-ils avoir un recours
contre la femme ?

Un seul cas peut, selon nous, se présenter : celui de
la mauvaise foi de la femme. Le sénatus-consulte a
déclaré en principe qu'il ne protégerait jamais la femme
qui a voulu tromper autrui [1].

2ᵉ cas : Recours contre le créancier.

Ce recours ne peut guère se présenter dans la pratique.
Pour en trouver une application, il faut supposer qu'un
tiers, se croyant débiteur de la femme, a payé par erreur
un créancier, au profit duquel une femme voulait intercéder. Si ce débiteur s'est laissé déléguer par la femme
et a payé le créancier, il pourra répéter entre ses mains
la somme qu'il a versée [2].

3ᵉ cas : Recours contre le débiteur principal.

Un fidéjusseur peut, dans certains cas, se trouver, vis-
à-vis du créancier et de la femme, dans une situation
digne d'intérêt.

Le créancier est de bonne foi ; nous avons vu que

---

(1) Loi 2, § 2. D. h. t.
(2) Loi 8, § 3. Loi 19, § 5.

l'exception du sénatus-consulte ne lui est pas opposable. Le débiteur accessoire n'aura contre lui aucun recours.

La femme ne pourra être poursuivie par l'action *mandati contraria;* les textes sont formels à cet égard; envers elle le fidéjusseur ne peut invoquer sa bonne foi; son erreur n'est pas excusable (1).

Reste le débiteur principal, dont il a en quelque sorte géré l'affaire. Nous n'hésiterons pas à lui donner un recours par l'action *negotiorum gestorum*. Papinien semble, à la fin du texte que nous avons cité, lui concéder ce recours comme une faveur équitable, dont cependant le bien fondé serait sujet à controverse.

III. *Quelle est la durée de l'exception?* — L'exception du sénatus-consulte est perpétuelle. En général, les exceptions ne peuvent pas être opposées après la sentence; ici nous nous trouvons en présence d'une règle toute contraire : l'exception du sénatus-consulte pourra être opposée même après le jugement, et alors que le créancier en poursuit l'exécution par l'action *judicati*. Cette dérogation aux principes généraux nous montre combien était puissante la protection de la loi, et nous la comprenons facilement, puisqu'un motif d'ordre public était engagé à ce que l'intercession fût de toute manière interdite à la femme.

§ II. — *La femme agit comme demanderesse.*

Pour que nous nous trouvions dans le cas où la femme agit au procès comme demanderesse, il faut supposer qu'elle a exécuté son obligation, et qu'elle cherche à se faire restituer contre le préjudice qui lui a été causé par la livraison de sa chose.

Prenons le cas le plus fréquent : la femme a cautionné

(1) Loi 7, D. h. t.

la dette d'autrui ; puis, poursuivie en paiement, elle a acquitté la dette du débiteur principal. Que devrons-nous décider si la femme intente au créancier une action pour lui réclamer la somme versée entre ses mains ?

Il faudra distinguer si la femme a payé en connaissant l'exception qui la protégeait, ou si elle ignorait le bénéfice édicté par la loi.

Si elle a ignoré le bénéfice du sénatus-consulte, il ne faut pas hésiter à lui permettre d'intenter la *condictio indebiti*, pour réclamer la somme donnée au créancier. Elle a payé ce qu'elle ne devait pas, puisqu'elle pouvait s'exempter du paiement en invoquant une exception péremptoire, qui aurait anéanti le droit du créancier ; elle doit donc être assimilée au débiteur qui paierait une somme qu'il ne doit pas [1].

La seule présence de la *condictio indebiti*, en cette matière, nous montre combien était favorable à la femme l'exception du sénatus-consulte ; elle nous indique, en effet, que l'obligation de la femme était anéantie d'une façon absolue, puisqu'il n'en subsiste même pas une obligation naturelle, dont l'existence eût été un obstacle à l'exercice de la *condictio*.

---

[1] Lois 8 et 9, pr., D. XXII, 6. Ce résultat est d'autant plus remarquable que, dans un cas absolument analogue, nous voulons parler du sénatus-consulte Macédonien, la loi, accordant une exception au fils prodigue qui emprunte des deniers, déclare que la répétition ne sera pas admise. (L. 9, § 4, *de Sct. Maced.*) On admet, dans ce cas, l'existence d'une obligation naturelle, qui suffit pour valider le paiement fait par le fils, et pour paralyser sa *condictio indebiti*. La raison de cette divergence nous a été fournie par les auteurs qui, tous, ont été frappés de cette anomalie. Dans le cas *d'intercessio,* dit-on, l'exception est donnée à la femme et en sa faveur, tandis que dans le cas du Macédonien, l'exception n'est accordée au fils qu'en haine des usuriers. Nous pourrions ajouter que dans le cas de notre sénatus-consulte se trouve encore un motif d'ordre public : ce que l'on veut avant tout empêcher, c'est l'acte *d'intercessio* en lui-même, acte dont la portée politique pourrait avoir une influence néfaste sur les affaires publiques. Il n'est donc pas étonnant qu'on anéantisse l'opération tout entière et tous les actes qui auront servi à réaliser l'intercession prohibée.

Supposons maintenant que la femme ait connu le bénéfice de l'exception, et qu'elle ait payé le créancier en connaissance de cause, il n'y aura pas lieu de lui accorder la *condictio indebiti*. Cette solution peut, au premier abord, sembler bizarre, car elle semble contraire à la théorie que nous avons adoptée au sujet de la renonciation au sénatus-consulte. Permettre à la femme de payer valablement, malgré le vice qui affecte son obligation, n'est-ce pas admettre qu'elle pourra volontairement renoncer au Velléien? Cette objection est sans portée, car il y a une différence sensible entre les deux hypothèses.

Dans le cas où une femme renonce, elle ne sait pas à quoi elle s'engage : elle peut croire que le créancier paiera et que sa renonciation au bénéfice de la loi n'aura pour elle aucune suite funeste ; la loi a voulu la prémunir contre ce danger.

Ici, au contraire, nous sommes en présence d'une femme qui, volontairement, s'est dépouillée en faveur d'un créancier, or, la loi ne protège pas la femme qui aliène ; que l'aliénation ait lieu avant ou après l'engagement de la femme, peu importe.

Cette solution est parfaitement conforme aux principes qui ont été exposés jusqu'ici, et n'a rien qui doive nous surprendre.

La *condictio indebiti* nous apparaît donc comme le moyen le plus usuel donné à la femme pour échapper aux conséquences d'un paiement accompli par erreur.

Il pourrait cependant se présenter une autre hypothèse, où la chose donnée par la femme ne serait pas une somme d'argent, mais bien une *res certa*. En principe, on doit refuser à la femme toute espèce d'action en revendication, car le sénatus-consulte protège non la femme qui aliène, mais seulement celle qui s'oblige.

La loi 32, § 2, dont nous avons parlé plusieurs fois, nous montre cependant la femme intentant une action en revendication. Nous avons donné l'explication de cette loi : la femme n'a pas aliéné d'une façon définitive, car elle n'a pas transmis à l'acquéreur la propriété quiritaire, de sorte qu'au regard de la loi civile, l'aliénation est tenue comme inexistante. Elle n'aurait de valeur que *jure prœtorio*, grâce à l'exception *rei traditœ et venditœ ;* mais cette exception sera paralysée elle-même par une réplique tirée du sénatus-consulte, de sorte que l'on se trouvera en présence des principes seuls du droit civil, qui devront recevoir une stricte application.

Il faudrait donner la même solution au cas où une femme aurait obligé sa chose en consentant un droit réel en faveur du créancier. Ici, encore, la revendication du fonds, comme libre de tout droit accessoire, s'expliquerait par la même raison que plus haut.

Hâtons-nous d'ajouter que nous sommes ici en présence d'une hypothèse exceptionnelle, et que la solution par nous donnée ne pourrait être généralisée sans violer et l'esprit et la lettre du sénatus-consulte. En principe, la femme qui a aliéné sa chose ne peut la revendiquer : l'exception Velléienne ni la revendication ne peuvent lui être accordées.

La femme qui a intercédé est donc protégée en principe par la *condictio indebiti* et exceptionnellement par l'action en revendication ; mais ces deux moyens ne sont pas imposés à la femme, et si celle-ci néglige de les invoquer, le juge ne pourra les suppléer. Il en serait de même de l'exception. La loi, en effet, a voulu protéger la femme qui s'oblige, et non celle qui fait une donation. D'ailleurs, il est bien évident que la femme qui n'exerce pas son recours par l'action en répétition pourra agir contre le débiteur principal par l'action *mandati contraria* [1].

(1) L. 31, D. h. t.

SECTION II

DES EFFETS DU SÉNATUS-CONSULTE A L'ÉGARD DU CRÉANCIER

Nous avons eu l'occasion de voir, dans le cours de cette étude, combien de formes différentes pouvait revêtir un acte d'intercession, et nous avons montré qu'il était impossible d'en établir une énumération complète.

La femme intercède, tantôt quand elle elle s'adjoint à un débiteur pour partager sa dette et la garantir, tantôt quand elle se substitue à lui et prend sa place vis-à-vis du créancier, tantôt enfin quand elle contracte seule un engagement, mais pour en attribuer le bénéfice à un tiers.

Dans tous ces cas, l'intercession réalisée par la femme tombe sous le coup de la loi, et celle-ci échappe complètement, si elle est de bonne foi, aux conséquences de son acte; mais il est une personne qui peut se trouver dans certaines hypothèses en présence d'une situation digne d'intérêt : nous voulons parler du créancier.

Sans doute, si la femme s'est adjointe au débiteur principal, il conservera tous ses droits vis-à-vis de ce dernier; mais que décider si la femme, par son intercession, a libéré ce débiteur, ou si elle seule a paru dans l'obligation ?

Il eût été souverainement injuste de laisser le créancier sans recours ; aussi la loi le protège-t-elle soit en lui restituant l'action qu'il a perdue, soit en créant une nouvelle action qui lui permette d'obtenir son paiement du véritable débiteur.

§ Ier. — *De l'action restitutoire.*

Pour qu'on puisse se trouver dans l'hypothèse où fonctionne cette action, il faut supposer qu'une femme ait par une *expromissio* libéré le débiteur principal, et se soit substituée à lui dans ses rapports avec le créancier. Celui-ci, au jour du paiement, se retournera contre la femme devenue débitrice principale, et sera repoussé par l'exception Velléienne. Il ne pourra pas s'adresser au débiteur primitif, puisque ce dernier a été libéré par l'engagement pris par la femme; il devrait donc, d'après les principes étroits du droit civil, subir le préjudice qui lui sera causé par suite de l'intercession.

La loi n'a pas voulu consacrer un semblable résultat, et elle a donné au créancier une action pour agir contre le débiteur comme si celui-ci n'eût pas été libéré. On appelle cette action *rescisoire* ou *restitutoire,* suivant que l'on se place au point de vue de l'*intercessio*, qui se trouve en quelque sorte *rescindée* vis-à-vis du créancier, ou en présence de l'action, qu'il avait perdue *jure civili* et qui lui est *restituée* par le droit prétorien.

Le fonctionnement de cette action se justifie à merveille, au point de vue des principes, si l'on veut se pénétrer de l'esprit de la loi. On admet que, par une fiction, l'intercession qui a été annulée sera tenue comme si elle n'avait jamais existé. Dès lors les parties doivent se trouver dans la même situation qu'avant l'intercession, et ce résultat est obtenu par la création d'une action *fictice* et *rescisoire.*

Nous suivrons, dans l'étude de cette action, la même méthode que pour l'exception du Velléien, et nous examinerons :

1° A qui elle est donnée ;

2° Contre qui ;

3° Quelle en est la durée.

I. *A qui profite l'action*. — D'une façon générale, l'action est donnée au créancier qui a éprouvé un préjudice par suite de la rescision de l'acte d'intercession.

Il en serait évidemment de même à l'égard des héritiers de ce créancier [1].

Les textes prévoient le cas où il y a eu deux créanciers solidaires, et où la femme a fait une *expromissio* vis-à-vis de l'un d'eux en faveur du débiteur. Celui vis-à-vis duquel la femme s'est engagée pourra demander au préteur l'action rescisoire; mais que décider à l'égard du créancier qui est reste étranger à l'opération [2]?

Ulpien déclare que l'action est restituée au seul créancier près duquel la femme a intercédé : *ei soli apud quem intercessit ;* il nous montre par là la différence qui existe entre les personnes qui ont libéré leur débiteur par un mode du droit commun, tel que la novation, par exemple, et celles qui sont privées de leur droit par suite de l'intercession [3].

Pour comprendre l'intérêt pratique de cette solution, il faut nécessairement se placer dans le système d'après lequel un *correus* peut, par une novation, détruire le droit de l'autre créancier [4]; alors on justifie facilement la solution d'Ulpien en disant que ce n'est pas du fait de *l'intercessio* que le créancier souffre un préjudice, mais du fait de la novation opérée par son *correus*.

Si l'on admettait avec Paul (L. 27, D. II, 14) que l'un des créanciers solidaires n'a pu libérer le débiteur vis-à-vis de son créancier, la question que nous avons discutée n'aurait aucun intérêt, puisque *l'intercessio* n'aurait fait subir aucun préjudice à ce créancier.

L'action ne sera pas donnée au créancier dans tous les cas. Il faut supposer que l'on est en présence d'un créan-

(1) Loi 10, D., *ad. S. V.*
(2) Loi 8, § 11, h. t.
(3) DEMANGEAT, *Des obligations solidaires en droit commun,* p. 61.
(4) L. 31, § 1. XLVII, 2.

cier qui est désarmé de tout recours contre son ancien débiteur par suite de l'excepfion Velléienne.

La loi 8, § 9, nous présente une hypothèse où le créancier n'aura pas recours contre son débiteur, parce qu'en présence d'une *intercessio* qui ne tombait pas sous le coup du sénatus-consulte et qu'il a crue sans valeur, il a libéré la femme de son obligation. Il perd donc son recours contre elle; d'un autre côté, il n'a plus son ancien débiteur, qui a été libéré par *l'expromissio* de la femme. On lui refuse cependant l'action restitutoire, car ce qui lui cause un préjudice, c'est non pas *l'intercessio* de la femme, mais bien l'acceptilation qu'il a consentie par erreur.

Nous pouvons résumer les notions qui précèdent en disant que l'action restitutoire est accordée au créancier qui, par suite de *l'intercessio* de la femme, s'est vu privé de son recours contre le débiteur primitif.

II. *Contre qui est donnée l'action.* — Le créancier qui obtient la restitution de son action ancienne se trouve placé dans la même position que s'il n'y avait pas eu d'intercession ; c'est précisément ce résultat qui constitue la fiction renfermée dans notre action.

Tous ceux qui, grâce à l'intervention de la femme, avaient été libérés, vont se trouver soumis aux poursuites du créancier.

Les textes passent en revue différentes catégories de débiteurs que nous devons rapidement signaler.

1° En premier lieu, le créancier pourra demander l'action contre le débiteur primitif et ses héritiers [1] ;

2° Il en sera de même des fidéjusseurs de ce débiteur [2] ;

3° Enfin, la femme elle-même pourra être tenue de l'action, si elle devient héritière du débiteur primitif [3].

___

(1) Loi 10. D. h. t. L. 1, § 2.
(2) Loi 14, § 2.
(3) L. 8, § 13. D. *ad S. V.*
L'action sera aussi donnée contre tous les débiteurs solidaires, bien que la femme n'ait intercédé que pour l'un d'eux (loi 20, D. h. t.), car la

Les auteurs, dans ce dernier cas, prétendent que le créancier n'aura pas besoin de recourir à l'action rescisoire, mais pourra poursuivre directement la femme, par l'ancienne action. On considère sans doute qu'ici, nous ne sommes plus en présence d'un cas d'intercession prohibée, puisque la femme est intervenue dans sa propre affaire, en se portant *expromissor* envers le créancier.

III. *Durée de l'action.* — La loi protège le créancier d'une façon très efficace, car elle lui permet d'agir dès qu'il apprend que la femme pourra invoquer, en sa faveur, la disposition du sénatus-consulte [1]. Il serait injuste, en effet, de retarder son action jusqu'au jour où il plairait à celle-ci de lui opposer l'exception. La dette peut, en effet, être contractée par la femme à terme ou à condition, et il ne faut pas que le créancier puisse subir les conséquences de l'insolvabilité de son débiteur, si elle se produisait avant les poursuites [2].

Quant à la durée de l'action, on comprendra qu'elle soit la même que celle de l'action directe, par laquelle le débiteur pourra être poursuivi [3].

On a discuté la question relative à l'effet d'une prescription, résultant du laps de temps écoulé entre l'intercession de la femme et la demande en restitution d'action exercée par le créancier. Cette question avait donné lieu aux plus vives controverses chez les jurisconsultes romains. Pour nous, la solution reste certaine : il faut considérer que le créancier reprend sa nouvelle action au même point qu'il a laissé l'ancienne. La fiction

---

libération d'un seul a entraîné celle de tous les autres ; il importe donc que le créancier recouvre son action solidaire contre tous ses débiteurs primitifs.

[1] Loi 24, § 2, *ad S. V.*

[2] Loi 13, § 2.

[3] Loi 10 et l. 24, § 3, h. t. Ces textes citent : le premier, un cas où l'action est perpétuelle ; le second, une hypothèse d'action temporaire : c'est la preuve que la durée de l'action rescisoire varie avec la durée de l'action primitive.

de la loi consiste, à son égard, en ce que le fait de l'intercession ne pourra lui causer de préjudice. Or, ne serait-il pas inique de frapper de déchéance un créancier, sous prétexte que la durée de son action s'est accomplie pendant l'espace de temps qui s'est écoulé jusqu'à sa demande en justice ? Le créancier, en effet, n'a pu agir pendant ce temps ; il a pu croire que sa créance contre la femme était valable : il serait trop rigoureux de lui opposer une prescription de ce chef (1).

§ II. — De l'action institutoire.

On peut facilement se rendre compte que la protection donnée au créancier par l'action restitutoire pouvait être illusoire, si la femme avait eu soin de contracter elle-même l'obligation pour autrui, au lieu de se substituer à lui dans une ancienne obligation.

La femme emprunte elle-même les deniers, pour les remettre à son débiteur. Ce dernier n'est pas engagé vis-à-vis du créancier, puisque l'obligation a pris naissance entre la femme et le stipulant. Si l'on permet à la femme d'opposer l'exception, le créancier n'aura aucun recours à exercer.

Il y a là, certainement, une injustice que le préteur devait éviter, car on ne peut tolérer qu'un débiteur puisse ainsi s'enrichir aux dépens d'autrui ; or, tel est bien le cas, puisque c'est le débiteur qui, en réalité, a reçu les deniers : il doit donc être tenu des mêmes obligations que s'il les avait empruntés directement au créancier.

On donnera contre lui l'action *ex stipulatu*, que le

---

(1) La loi 24, § 3, peut fournir un argument à l'une et à l'autre des deux opinions. Nous ne discuterons pas ces arguments, basés sur des termes aussi obscurs que ceux du texte dont nous parlons. Le parti le plus prudent, en cas de doute, nous semble être celui qui s'appuie à la fois sur l'équité et sur les principes généraux.

créancier prêteur aurait dû pouvoir exercer contre la femme [1], ou plus généralement l'action née du contrat intervenu entre les deux parties qui y ont concouru.

Ces quelques explications nous font voir pourquoi cette action a été appelée *institutoria ;* elle ne dérive pas des principes du droit civil, mais elle a été *instituée* par le préteur, pour protéger un créancier dont la situation est digne d'intérêt.

Nous devons observer que cette action a pour effet de conserver au créancier toutes les garanties de son action primitive, de sorte que son droit restera absolument le même qu'avant l'intercession ; ce résultat était commandé par l'équité.

---

(1) L. 8, § 14.
(2) L. 29, § 3, h. t.

SECONDE PARTIE

DROIT POSTÉRIEUR A JUSTINIEN

CHAPITRE PREMIER

INNOVATIONS DE JUSTINIEN

Le but que nous avons poursuivi, dans cette étude sur le sénatus-consulte Velléien, a été principalement d'en fournir le commentaire à l'époque classique ; c'est à cette époque, en effet, que nous en rencontrons l'application telle qu'elle résulte des principes posés par les textes du Digeste. Plus tard, Justinien crut devoir modifier d'une façon à peu près complète le fonctionnement de la loi Velléienne, qui lui semblait ne plus répondre aux besoins de la civilisation romaine sous son règne. Il ne procéda pas par abrogation; mais les lois successives qui furent édictées par lui modifièrent profondément l'esprit qui avait guidé l'ancien législateur, et on a peine à retrouver, dans les vestiges que nous a conservés le Code, la loi célèbre qui frappait les femmes d'une incapacité si radicale.

Quelles furent les raisons de ce changement si brusque dans la législation ? Des auteurs semblent l'attribuer uniquement à l'influence des idées chrétiennes. Le christianisme, dit-on, a réhabilité la femme et en a fait l'égale de l'homme : il ne fallait donc plus agir envers elle avec un esprit de défiance et de restriction ; il était impossible de la considérer comme un élément dissolvant dans la société. Les règles fort rigoureuses qui la frappaient dans sa capacité juridique n'avaient donc plus de raison d'être.

Nous reconnaissons sans peine que le christianisme n'est pas resté étranger à l'émancipation des femmes, mais nous nous refusons à y voir la seule cause du changement qui s'introduisit dans la législation romaine à cette époque.

On doit, ce nous semble, faire une large part aux jurisconsultes classiques, qui furent les premiers à signaler l'exagération des rigueurs du sénatus-consulte, et à chercher les moyens qui permettent d'en éviter une trop stricte application.

En outre, une raison principale de ce changement réside dans la nouvelle constitution de l'empire. Autrefois, le peuple agissait d'une façon effective sur les pouvoirs publics, par ses assemblées et ses comices, et cette influence se fit sentir encore sous les premiers Césars ; mais peu à peu, l'empereur absorba tous les pouvoirs, et l'autorité absolue qu'il exerçait ne fut que la résultante de toutes les magistratures et de toutes les dignités autrefois conférées par la volonté populaire à ses élus. Dès lors, il n'y avait plus à craindre cette immixtion des femmes dans les *officia virilia,* puisque toutes les charges étaient déléguées par le souverain à ses créatures, et la loi qui avait voulu prévenir ce danger, n'ayant plus d'utilité, devait donc disparaître.

Justinien, cependant, par respect pour la tradition, n'abrogea pas le sénatus-consulte ; mais il chercha à en utiliser les dispositions dans un autre but.

On fait une distinction fondamentale entre l'intercession d'une femme pour autrui et l'intercession *pro
marito*. Dans le premier cas, la loi Velléienne est
abrogée d'une façon presque complète, tandis qu'elle
subsiste très rigoureuse dans le second.

SECTION PREMIÈRE

DE L'INTERCESSION EN FAVEUR D'UN ÉTRANGER

L'empereur Justinien n'osa pas d'un seul coup abroger
le sénatus-consulte Velléien, mais les réformes que nous
allons étudier vont nous montrer combien était profond
le changement qui s'était opéré dans les mœurs romaines,
à l'égard de la capacité des femmes.

Auparavant, la femme ne peut dans aucun cas s'o-
bliger pour autrui, et cette règle est basée et sur l'intérêt
public et sur une idée de protection pour la femme. De
semblables motifs expliquent assez la rigueur avec
laquelle les anciens jurisconsultes avaient compris les
dispositions du sénatus-consulte.

Le femme ne pouvait ni directement ni indirectement
renoncer à la loi Velléienne, et ce résultat était logique,
puisque l'intérêt de l'Etat lui-même était engagé.

Cette raison d'ordre public a complètement disparu
sous Justinien ; l'introduction des femmes dans les
affaires publiques, leur influence politique, nous venons
de le voir, ne sont plus à redouter.

Le sénatus-consulte restait encore debout cependant,
et Justinien se garda bien de le faire disparaître, car il
était à ses yeux un instrument fort utile pour achever
l'œuvre de protection à l'égard des femmes, œuvre qui
domine en quelque sorte toutes ses réformes législatives
et qui le fait surnommer *legislator uxorius*.

La raison d'ordre politique ayant disparu, il ne reste du sénatus-consulte que l'esprit de faveur et de protection contre la faiblesse de la femme ; on s'efforce dès lors de la protéger contre les dangers de son inexpérience, mais on évite de la frapper d'une incapacité sans merci.

C'est donc à la seule idée de protection que nous devrons maintenant rattacher toutes les dispositions relatives à la capacité des femmes, soit à l'égard des tiers étrangers, soit à l'égard de leur mari.

Pénétré de ces principes, Justinien dut chercher les moyens les plus propres à concilier à la fois l'émancipation de la femme avec le devoir de protection qu'il s'était tracé à leur égard.

Détruire complètement le sénatus-consulte eût été dangereux, car la femme fût restée sans défense contre sa faiblesse naturelle ; le laisser subsister dans son entier, on ne pouvait y penser sérieusement, car il appartenait à une époque trop différente de celle de Justinien. On s'arrêta donc à un moyen intermédiaire : le sénatus-consulte fut conservé, mais ses rigueurs furent atténuées.

La femme, en principe, reste incapable d'intercéder pour autrui ; mais on admet de nombreuses exceptions à la règle, exceptions si graves qu'elles finirent par supprimer le sénatus-consulte dans la pratique.

Le principe général sur lequel Justinien s'appuie pour justifier toutes ces exceptions peut se résumer ainsi : l'intercession sera valable toutes les fois que l'on pourra voir dans l'acte intervenu une volonté sérieuse et constante de s'obliger, de la part de la femme.

Nous verrons que Justinien fait résulter cette présomption d'actes qui, en apparence, ne semblent guère pouvoir s'interpréter en ce sens ; mais n'oublions pas que le but poursuivi par la loi est bien plutôt de tourner les rigueurs du sénatus-consulte que de faire une stricte et logique application des règles du droit.

Le sénatus-consulte Velléien ne s'appliquera pas 1º si l'intercession de la femme a été renouvelée après deux ans d'intervalle; 2º si la femme déclare qu'elle a reçu quelque chose pour prix de son intercession; 3º si l'intercession a eu lieu dans un acte public.

I. *L'intercession a été réitérée après deux ans d'intervalle* (1). — Il est facile d'appliquer à ce cas le principe que nous avons posé en tête de ce chapitre. Le renouvellement de l'intercession fait après deux ans nous montre bien que la femme n'a pas agi à la légère, mais que son obligation est le résultat d'une volonté sérieuse et persistante.

Justinien nous déclare qu'en agissant ainsi, la femme semble bien plutôt avoir fait sa propre affaire que celle d'autrui, de sorte que, même sous les principes rigoureux du sénatus-consulte, on ne pourrait la frapper, puisqu'elle a géré sa propre affaire.

Malgré le texte formel de la loi 22 au Code, nous pensons qu'il ne faut pas s'arrêter aux termes employés par Justinien, et que la portée de la réforme est bien plus large qu'il ne semble l'indiquer.

Peu importe que la femme ait agi dans son intérêt ou dans l'intérêt d'autrui; quand même la preuve résulterait absolument certaine de la volonté de s'obliger seulement dans l'intérêt d'autrui, on ne devrait pas hésiter à reconnaître l'intercession comme valable. Du moment que la femme l'a ratifié, la loi voit dans cet acte un fait qui montre une volonté sérieuse de s'obliger; dès lors on doit respecter l'obligation consentie par la femme.

Doit-on attacher un effet rétroactif à cette nouvelle obligation de la femme et en faire remonter les effets jusqu'au jour de l'intercession primitive?

Il est facile de comprendre l'intérêt pratique de la question, car si la femme n'est tenue que du jour de la

(1) L. 22. C.

seconde intercession, toutes les garanties qui avaient pu être adjointes à la première seront anéanties; tel serait le cas d'un fidéjusseur; s'il y a effet rétroactif, toutes ces garanties accessoires seront maintenues.

Les textes ne prévoient pas la question, et les arguments que l'on a voulu déduire des termes de la loi 22 au Code, en faveur de l'une ou de l'autre opinion, ne sont pas probants, car l'attention de Justinien n'était pas portée sur la question au moment où ils étaient rédigés; il serait donc dangereux, à notre avis, d'y attacher une trop grande importance.

On tire argument des mots : *Tam ex secunda cautione sese obnoxiam esse,* pour dire que la femme ne s'est obligée que du jour de la seconde intercession.

Les auteurs qui soutiennent l'autre système répondent avec la même loi 22 que le texte renferme ces mots: *Ultro firmavit,* qui démontrent qu'il ne s'agit pas d'un nouvel engagement, mais bien d'une confirmation de l'acte primitif, confirmation qui doit avoir un effet rétroactif.

Nous pensons qu'il n'y a guère d'hésitation possible en cette matière, et qu'il faut admettre, avec la majorité des auteurs, que l'intercession ainsi renouvelée produira ses effets du jour du premier engagement. Nous sommes ici en présence de deux actes qui sont intimement liés et qu'il ne faut pas considérer séparément. Il y a une intercession principale, celle qui a eu lieu la première, intercession qui n'était pas nulle de plein droit, mais qui pouvait être infirmée par les moyens que nous avons indiqués; intervient un acte auquel la loi attache comme effet la déchéance pour la femme d'invoquer ces moyens de protection (cet acte est le renouvellement de l'intercession); cette déchéance a pour conséquence non de rendre valable la première intercession, puisqu'elle l'était déjà, mais de la rendre inattaquable. La question de savoir s'il y a ou non effet rétroactif ne se pose même pas d'une façon sérieuse, et il ne faut pas hésiter à dire que la femme est tenue du jour de l'acte primitif.

II. *Déclaration faite par la femme qu'elle a reçu un prix pour son intercession.* — Si Justinien, dans la loi 23, avait voulu déclarer que la femme qui a reçu le prix de son intercession ne viole pas le sénatus-consulte, il n'aurait fait qu'appliquer les principes rigoureux du droit classique; mais telle n'a pas été sa pensée : il entend par là que la femme ne pourra invoquer l'exception Velléienne, du moment qu'elle a reçu un *prix quelconque* pour son acte d'intervention.

On voit dans l'acte d'une femme qui se fait payer son *intercessio* la preuve qu'elle n'agit pas dans un but libéral et qu'elle s'est parfaitement rendu compte des dangers de sa fidéjussion, puisqu'elle a cherché à prévenir les conséquences d'une insolvabilité future en se faisant indemniser par avance. La femme agit donc en connaissance de cause et manifeste une volonté sérieuse de s'obliger pour autrui ; cette obligation est valable.

L'innovation dont nous venons de parler est renfermée dans la constitution 23. pr., au Code, et l'empereur Justinien, dans ce texte, se flatte de mettre un terme aux nombreuses discussions qui s'étaient élevées entre les jurisconsultes. Sur presque tous les points qui se rattachent à cette délicate matière, il y avait, en effet, une divergence entre les auteurs.

Les uns voulaient qu'il y eût concordance absolue entre le prix reçu par la femme et le préjudice éventuel qui pouvait résulter de l'*intercessio*. D'autres, au contraire, semblaient ne s'attacher qu'au point de savoir si la femme avait reçu quelque chose pour son intercession, et ils déclaraient que, dans ce cas, quelle que fût la prestation reçue, la femme n'aurait pas droit à l'exception du sénatus-consulte. Quelques auteurs proposaient de décomposer l'acte et de valider l'engagement de la femme, dans la mesure du rapport qui existait entre l'indemnité et le préjudice qui pouvait résulter de l'acte auquel la femme avait pris part. C'est cette dernière solution qui nous a paru la plus logique, et nous l'avons adoptée plus haut.

Une semblable controverse s'était élevée au sujet du moment où la somme d'argent ou le prix de l'intercession devait être versé à la femme. Etait-il nécessaire que la prestation fût remise avant l'intervention, ou tout au moins au moment où la femme contractait? N'était-il pas suffisant qu'elle reçût cette prestation après l'engagement qu'elle avait souscrit?

Enfin, quelques jurisconsultes examinaient le sort d'une *intercession* réalisée dans les conditions normales, mais qui, à la suite de certaines circonstances, avait fini par devenir avantageuse à la femme.

Le jurisconsulte Africain nous rapporte la controverse dans la loi 17, § 2, au Digeste, à notre titre. Il suppose qu'une femme, dans un intérêt commun, s'est engagée solidairement avec un tiers, et il se demande quelle sera la conséquence d'un pareil engagement. Pour la part que la femme devait supporter dans la dette, aucun doute n'était possible : elle doit en être tenue, puisqu'elle s'est obligée envers un tiers et dans son propre intérêt; il n'y a donc pas intercession. Mais que décider pour la part que son codébiteur devait supporter dans la dette? Il semble que nous nous trouvions en présence d'une véritable *intercessio*. La femme s'est engagée pour autrui et dans l'intérêt d'autrui, puisque nous supposons que le tiers profite de l'engagement pour moitié. Africain nous déclare cependant qu'il n'y a pas à appliquer le sénatus-consulte; car, nous dit-il, la femme a retiré de l'acte un profit plus grand que le préjudice qui lui a été causé par l'emprunt; l'*intercessio* a donc été avantageuse à la femme, et elle doit être tenue de l'engagement en entier à l'égard du créancier, sauf son recours normal contre le débiteur solidairement obligé avec elle.

Grâce à l'innovation de Justinien, il n'y aura qu'un seul point à établir pour prouver la validité d'une intercession. Le juge devra se demander si la femme a reçu quelque chose comme prix de son *intercessio*. Cette preuve sera évidemment à la charge du créancier, qui devra chercher à l'établir par tous les modes admis par la loi.

Il est un cas praticulier où nous trouvons un mode de preuve spécial : c'est le cas où l'engagement a été réalisé par un acte public, signé de trois témoins. Si la femme déclare qu'elle a reçu quelque chose, l'intercession est valable, quand même on pourrait démontrer que l'aveu de la femme a été mensonger, et que celle-ci n'a rien reçu comme prix de son engagement. On comprendra la portée pratique d'une semblable innovation : c'est l'anéantissement presque complet du sénatus-consulte. Si la femme peut, grâce à une déclaration, éviter la prohibition légale, n'est-ce pas absolument aboutir au même résultat qu'on obtiendrait par une renonciation expresse au sénatus-consulte ?

Il importe de bien se fixer sur l'étendue de la règle posée par la constitution 23, pr. Elle renferme, pour ainsi dire, une double innovation ; d'abord elle déroge aux principes du droit classique, en ce qu'elle déclare que le seul fait par la femme d'avoir reçu quelque chose est un obstacle à l'exercice de son droit ; en outre, en donnant force de présomption légale à la simple déclaration de la femme, contenue dans un acte public, la loi 23 porte une nouvelle atteinte aux règles anciennes, puisqu'elle permet à la femme de renoncer volontairement au bénéfice du sénatus-consulte.

III. *Formalité d'un acte public.* — Justinien, par cette nouvelle réforme, modifie d'une façon complète la législation suivie jusqu'alors. Autrefois, la nullité, qui résultait du sénatus-consulte, n'opérait pas de plein droit, mais par voie d'exception. Désormais, tout acte d'intercession qui n'aura pas lieu dans un acte public sera nul *ipso jure*. Cette nécessité d'un acte public est donc une mesure qui aggrave toutes les dispositions précédentes. Mais, en revanche, *toute intercession, contenue dans un acte public signé de trois témoins, sera parfaitement valable;* cette seconde partie de la réforme semble l'abrogation complète du sénatus-consulte Velléien.

On a beaucoup discuté sur la portée exacte de la réforme impériale contenue dans la constitution 23; les controverses remontent à l'époque des Glossateurs, et, aujourd'hui encore, elles partagent les commentateurs du droit romain.

Un premier système décide que la portée de la réforme est absolue; dans tous les cas, la rédaction d'un acte public est exigée, et l'intercession eût-elle été valable autrefois, elle sera nulle sous Justinien, si cette formalité n'a pas été remplie. Cette théorie s'appuie sur les termes mêmes de la loi 23, § 2 : *Tantummodo eas obligari et sic omnia tractari*. La femme a-t-elle intercédé dans un acte public, elle ne peut jamais invoquer l'exception; cette formalité a-t-elle, au contraire, été négligée, elle n'aura, dans aucun cas, de recours à exercer: *auxilium nec imploretur*. Le seul point à examiner n'est donc plus celui de savoir si l'engagement de la femme réunit les conditions d'une intercession prohibée; le rôle du juge se borne à examiner si le cautionnement a été réalisé dans un acte public.

Le seul exposé de ce système nous en montre l'exagération, car il aboutirait à la destruction complète de la protection Velléienne. Nous voulons bien reconnaître que la portée de l'innovation a été immense; mais il nous est impossible d'admettre que la loi 23, § 2, contienne une abrogation aussi complète et aussi explicite du sénatus-consulte. Rien dans les termes de cette constitution n'autorise une semblable manière de procéder, et si Justinien a voulu émanciper la femme, il a entendu néanmoins la protéger d'une façon suffisante, et il s'est contenté d'adoucir les anciens principes, sans vouloir les anéantir d'une façon radicale.

Nous nous rangerons donc sans hésiter à l'avis des auteurs qui pensent que la formalité d'un acte public n'est pas nécessaire dans les cas où Justinien a déclaré que l'intercession serait valable. Ainsi, une intercession non réalisée par un acte public serait tenue comme régulière, si l'on démontrait que la femme a reçu quelque chose comme prix de son obligation. La portée de l'innovation de Justinien consiste donc en ce que l'*intercessio,* nulle en droit classique quand elle réunit les quatre conditions par nous examinées, sera valable sous Justinien, si elle a été réalisée dans un acte public signé de trois témoins.

Cette manière d'expliquer le § 2 de la loi 23 nous semble avoir l'avantage de bien faire saisir l'ensemble des réformes de Justinien, en nous montrant la progression suivie par cet empereur dans ses différentes décisions.

Justinien permet d'abord à la femme de renoncer à la protection Velléienne, en déclarant que, si, après deux ans, elle renouvelle son *intercessio,* elle sera tenue valablement. Cette réforme n'a pas une portée très étendue, car la femme a dû réfléchir pendant un laps de temps aussi considérable, et il est à présumer que si elle maintient ses engagements, c'est qu'elle a des raisons fort sérieuses de le faire.

La seconde innovation étudiée par nous offre une portée plus considérable, puisqu'il ne s'agit pas d'une renonciation postérieure à l'acte primitif, mais bien d'un désistement actuel et irrévocable, désistement qui peut être arraché à la faiblesse et à l'inexpérience d'une femme. Cette déclaration, faite par la femme, qu'elle a reçu quelque chose, peut donc produire des effets re-

doutables pour une femme qui intercède, et nous aurions grand'peine à concevoir une semblable innovation, si nous n'étions en présence d'un législateur dont
le seul but est d'abroger implicitement les règles du
sénatus-consulte, dans les rapports d'une femme avec
les tiers autres que son mari.

La preuve de cette tendance nous est révélée d'une
façon bien formelle par la dernière réforme de Justinien, qui est le couronnement des deux autres. L'empereur se rend parfaitement compte des fraudes auxquelles peut donner lieu la réforme relative à la déclaration de la femme, puisqu'il suffira qu'elle reçoive une
somme quelconque, ou déclare l'avoir reçue, pour
échapper à la règle Velléienne. Dès lors, n'était-il pas
préférable de mettre la législation d'accord avec les besoins de la pratique, afin d'éviter aux parties la nécessité d'un mensonge pour tourner les dispositions du sénatus-consulte? C'est pourquoi on supprime les derniers
vestiges de l'incapacité qui frappait encore la femme, et
l'on tient la renonciation, qui était le résultat de sa déclaration, pour accomplie par le seul fait que l'acte aura
été rédigé par un acte public.

Nous ne partageons donc pas l'avis de certains auteurs
qui pensent que la déclaration faite par la femme, qu'elle
a reçu quelque chose, n'est valable que si elle a lieu
dans un acte public; cette déclaration, quand elle intervient dans cette forme, a une forme probante plus considérable sans doute; mais la nécessité d'un acte public
n'est pas une condition essentielle de sa validité.

Pour être complet, nous devons signaler un cas spécial où la renonciation au sénatus-consulte était admise
par Justinien d'une façon formelle. La Novelle 118, ch. v,
in medio, permet à la mère et à la grand'mère, qui
demandent la tutelle de leurs descendants, de renoncer
au bénéfice du sénatus-consulte Velléien.

SECTION II

DE L'INTERCESSION DE LA FEMME POUR SON MARI

Nous assistons ici à une réforme tout opposée à celles dont nous avons parlé jusqu'à présent.

Loin de modifier en faveur de la femme les rigoureuses dispositions de la loi, Justinien les aggrave considérablement et déclare que jamais la femme ne pourra intercéder pour son mari.

Quelles raisons ont pu guider le législateur dans cette nouvelle voie? On peut sans peine les découvrir.

Nous avons vu qu'autrefois des édits d'Auguste et de Claude, antérieurs au sénatus-consulte, avaient prohibé l'intercession des femmes pour leurs maris; cette prohibition avait été absorbée par les principes plus généraux du Velléien, qui défendait l'intercession pour autrui.

Lors de la réforme impériale, les femmes, obtenant une liberté complète, allaient pouvoir s'obliger sans entrave au profit de leurs conjoints. Or, ce système de liberté absolue était trop contraire à l'ensemble général des mesures de protection adoptées par Justinien à l'égard des femmes, pour avoir auprès de cet empereur quelque chance de succès. On laisse à la femme une grande liberté dans ses rapports avec les tiers; mais on redoute pour elle l'influence dominatrice de son mari, et de nombreuses mesures viennent protéger sa dot contre des sollicitations intéressées de la part de celui-ci. Il était donc impossible, dans un pareil système de législation, de permettre à la femme de se porter caution ou d'intercéder en quoi que ce soit pour son mari. La

Novelle 134, chap. VIII, contient à cet égard une défense absolue [1].

Nous n'insisterons pas sur la portée pratique de l'innovation; elle ne saurait souffrir de difficultés sérieuses.

L'obligation contractée par la femme est nulle dans tous les cas, même lorsqu'elle ne constitue pas une intercession dans le véritable sens du mot. On ne saurait contester la portée, qui semble pourtant excessive, de la réforme de Justinien, puisque le seul cas qu'il indique comme exception à la règle nouvelle est celui où la femme agit dans son propre intérêt. Si ce cas est cité comme une exception, c'est une preuve qu'il devait tomber sous la nouvelle défense. Or, nous savons qu'autrefois, la femme qui, intercédant pour autrui, gérait sa propre affaire, ne contrevenait pas à la disposition du sénatus-consulte.

La Novelle contient d'ailleurs une application formelle de ce principe, puisqu'elle déclare que l'intercession sera nulle dans tous les cas, qu'elle ait été faite une seule fois, ou renouvelée après deux ans : *Sive semel, sive multoties... nullatenus hujusmodi valere.*

Une seule exception a été apportée à cette règle si rigoureuse : la femme qui retire un avantage de l'intercession consentie pour son mari ne sera pas protégée par l'Authentique *Si qua mulier*.

Il eût été trop inique, en effet, de permettre à la femme de se soustraire à une obligation qui a tourné à son profit ; mais, remarquons-le, elle ne pourra être poursuivie que dans la mesure de l'enrichissement réalisé par son patrimoine.

---

(1) Cette disposition est aussi connue sous le nom d'Authentique *Si qua mulier.*

CHAPITRE II

Notre étude sur le sénatus-consulte Velléien ne serait pas complète, si nous n'examinions en quelques lignes quelles ont été ses destinées dans notre ancienne France, dont la législation s'est inspirée si souvent des traditions romaines.

Il ne nous est guère possible de suivre les progrès de la loi Velléienne avant le XIIᵉ siècle ; les monuments législatifs font à peu près complètement défaut, ou ne permettent pas de fournir des renseignements exacts ou probables.

En droit écrit, c'est-à-dire dans le Midi de la France, il est à croire que le sénatus-consulte s'était conservé à peu près tel que nous l'avons étudié à la fin du règne de Justinien. Nous devons cependant observer que les Parlements appliquaient ses dispositions avec une grande liberté d'appréciation, et nous rencontrons une multitude de divergences dans la pratique suivie par les différentes juridictions.

Nous n'avons pas à entrer ici dans l'examen de ces variétés d'application; nous nous bornerons à constater que toutes les provinces du Midi étaient unanimes pour adopter le principe du Velléien.

Il est facile de comprendre, en effet, et nous ne saurions trop insister sur ce point, quel secours le sénatus-consulte offrait à une législation qui, dans les rapports des époux, distinguait deux catégories de biens et séparait complètement le patrimoine de la femme de celui du mari. Le sénatus-consulte formait un complément indispensable au régime dotal, et nous verrons bientôt que l'attachement des provinces du Midi à ses dispositions fut si fort, que l'autorité royale fut impuissante à en obtenir l'abrogation (1).

En droit coutumier, tout autre est le principe qui régit les rapports entre époux ; la communauté de biens est la règle générale et forme le droit commun. Le sénatus-consulte ne pouvait donc recevoir d'application ; car défendre à la femme de s'obliger pour son mari, c'était lui défendre de s'obliger pour elle-même ; aussi voyons-nous les jurisconsultes éprouver les plus grands embarras dans l'application du sénatus-consulte, dans ses rapports avec le régime de communauté.

Dumoulin fit cependant disparaître toutes les résistances et sut trouver un moyen de concilier la loi romaine avec les principes de la communauté coutumière. On permit à la femme commune qui a cautionné son mari d'invoquer le Velléien, à la condition que les deniers empruntés par le mari n'aient tourné ni au profit de la communauté, ni au profit de la femme, et que le créancier, au moment où il prêtait les deniers, en ait connu la destination (2).

Nous croyons donc qu'au xvie siècle, le sénatus-consulte était appliqué d'une façon universelle, aussi bien par les pays coutumiers que par les provinces de droit écrit ; mais nous allons bientôt assister au déclin de son influence, pour aboutir à son abrogation complète par le Code civil.

L'influence du sénatus-consulte sur notre ancienne jurisprudence dura jusqu'à la fin du xvie siècle. A partir de cette époque, le droit romain cesse de constituer la

---

(1) Guy Coquille, *Coutumes du Nivernais*, XXIII, 8.
(2) Dumoulin, *Sommaire du traité des Usures*, no 162. E. de Laurière, *Sur la Coutume de Paris*, t. II, p. 222.

règle absolue ; les jurisconsultes ne s'inclinent plus
devant la lettre des lois romaines : ils recherchent quel
en est l'esprit, quels en ont été les motifs, afin de savoir
s'ils peuvent encore appliquer ces lois aux besoins de la
nouvelle civilisation.

On finit par comprendre que la loi Velléienne, loin de
constituer une protection efficace pour la femme, n'était
qu'une embûche à la bonne foi des tiers, et pouvait devenir préjudiciable aux vrais intérêts de celle qu'on voulait
protéger.

La renonciation au sénatus-consulte finit par devenir
de style dans tous les actes, et Henri IV, dans un édit
d'août 1606, déclara que tout contrat passé par les femmes
aurait la même force que si la renonciation y avait été
expressément insérée. Cet édit contenait donc l'abrogation du sénatus-consulte.

La réforme fut accueillie d'une façon fort différente
par les jurisconsultes d'alors. Les uns applaudirent à
l'innovation qui supprimait heureusement, disaient-ils,
*la vaine formule du Velléien, invention digne des femmes
et d'un siècle plus efféminé que celui des Romains* [1] ;
d'autres, au contraire, virent avec regret disparaître cette
règle de protection salutaire contre la faiblesse et l'entraînement des femmes.

Les Parlements eux-mêmes furent partagés, et nombre
d'entre eux refusèrent d'enregistrer le nouvel édit ; ils
donnaient comme raison que le sénatus-consulte
constituait le complément nécessaire de la législation
dotale, et qu'il était impossible de maintenir l'harmonie
dans les dispositions du régime dotal, sans la présence
et l'application des règles Velléiennes [2].

---

(1) ANTOINE MORNAC, paroles rapportées par d'Espeisses. *Mémoire de
plusieurs choses considérables advenues en France depuis 1607.*
Paris, 1634; fol. 49. Ouvrage cité par Gide, p. 410.

(2) Ce sont les Parlements de Rouen, Rennes, Bordeaux, Paris, Tou-
louse, Aix et Grenoble.

La France, jusqu'à la fin du xviiᵉ siècle, était donc partagée en deux camps. Certaines provinces avaient subi les dispositions royales et abandonné complètement le Velléien ; d'autres, au contraire, fidèles aux anciens principes, appliquaient la règle Velléienne, mais, nous l'avons vu, avec de nombreuses divergences.

Le Code civil vint mettre un terme à toutes ces difficultés en déclarant que la femme, en principe, est capable de s'obliger ; c'est l'abrogation absolue et définitive du sénatus-consullte Velléien.

Nous aurons à rechercher plus loin si nous ne trouverons pas encore, dans notre régime dotal, une trace, inconsciente peut-être, mais indéniable, de l'influence qu'a exercée sur notre législation moderne la prohibition Velléienne.

DROIT FRANÇAIS

DE L'EFFET DES OBLIGATIONS CONTRACTÉES PAR UNE FEMME MARIÉE SOUS LES DIFFÉRENTS RÉGIMES MATRIMONIAUX

L'article 2092 du Code civil renferme un principe fondamental en matière d'obligation ; voici ce texte : « Quiconque s'est obligé personnellement est tenu de » remplir son engagement sur tous ses biens mobiliers » et immobiliers, présents et à venir. » On a résumé la pensée du législateur dans cette phrase concise passée à l'état d'axiome : *Quiconque s'oblige, oblige le sien.* Nous n'avons pas à insister, ici, sur les motifs de la règle posée par l'article 2092, et nous devons nous borner à en faire l'application aux dettes contractées par une femme mariée, sous les différents régimes offerts par la loi aux époux pour réglementer les conditions de leur association conjugale. Nous verrons que tantôt les principes généraux reçoivent une stricte application, tantôt sont modifiés dans un sens restrictif, et qu'enfin dans certains cas, ils reçoivent une extension plus large que ne le comportent les règles de droit commun. Notre étude pourrait donc s'intituler : *Des variations de l'article 2092 à l'égard des obligations contractées par une femme mariée.*

Nous devons, tout d'abord, préciser avec soin l'objet de notre examen, afin d'éviter toute confusion à cet égard. De droit commun, la capacité de la femme est soumise à des restrictions fort rigoureuses, restrictions qui, en réalité, sont le principe de toutes les dispositions que nous aurons à passer en revue ; mais cependant nous laisserons complètement de côté toutes les questions relatives à la capacité de la femme mariée. Nous supposerons toujours que la femme a contracté valablement une dette, sans rechercher quelles sont les formalités et les conditions qui rendent cet engagement valable de droit commun; puis, nous rechercherons quel sera le contre-coup de cette obligation régulière sur le patrimoine de la femme, ou, s'il y a lieu, sur celui du mari. En un mot, nous plaçant au point de vue du créancier, nous aurons à rechercher simplement sur quels biens il pourra poursuivre l'exécution de son droit de créance.

La réponse à cette question sera fort différente, selon les cas ; aussi, pour examiner les hypothèses nombreuses qui pourront se présenter dans la pratique, nous aurons recours à des distinctions indispensables.

Une première division se présente tout d'abord a l'esprit, comme la plus naturelle et la plus logique : elle consiste à diviser la matière en autant de parties qu'il y à de régimes matrimoniaux, puisque sous chaque régime nous trouverons l'application de règles différentes ; ce sera la base de nos distinctions.

Nous rangerons les régimes matrimoniaux en deux catégories : les régimes de communauté et les régimes exclusifs de communauté. Dans la première, se trouvent le régime de la communauté légale et celui de la communauté conventionnelle. Dans la seconde, nous ferons rentrer le régime exclusif de communauté proprement dit, celui de séparation de biens, et enfin le régime dotal.

PREMIÈRE PARTIE

———

DES RÉGIMES DE COMMUNAUTÉ

Si nous voulions être fidèle au plan que nous venons d'indiquer, il faudrait examiner tout d'abord le régime de communauté légale, puis passer en revue toutes les modifications successives que peut recevoir le régime de droit commun pour l'adoption des règles de la communauté conventionnelle. Nous ne suivrons pas cette méthode qui, dans le cas actuel, serait complètement illogique. Les modifications qui peuvent résulter des différentes clauses de la communauté conventionnelle n'offrent aucune espèce d'intérêt relativement au point qui nous occupe, car elles ne changent en rien l'application des principes de la communauté légale, et les règles admises sous ce régime pourront être transportées tout entières à toutes les clauses contenues dans les articles 1498 et 1528. Nous nous bornerons donc à étudier l'effet des obligations contractées par une femme mariée sous le régime de la communauté légale.

Lorsque deux époux ont adopté le régime de la communauté, leur patrimoine se trouve divisé en trois catégories de biens : 1° les propres du mari ; 2° ceux de la femme ; 3° enfin, les biens communs. C'est l'existence de cette masse commune qui caractérise le régime et lui donne son nom. Elle se compose des meubles des deux conjoints, des revenus des immeubles qu'ils possédaient avant leur mariage et qui leur restent propres, enfin elle comprend en principe tous les biens qui sont acquis pendant la durée du mariage.

Les biens communs sont destinés à subvenir aux charges du ménage, et l'excédent doit, à la dissolution du mariage, être partagé entre les deux époux ou leurs héritiers. La loi a donné au mari les pouvoirs les plus larges sur le patrimoine commun : autrefois il en était seigneur et maître [1] ; aujourd'hui, il en a l'administration, il peut même les vendre et les hypothéquer sans le concours de sa femme [2].

Il est facile de comprendre que des pouvoirs aussi exorbitants laissent peu de place à l'influence de la femme, et l'on s'explique parfaitement que les anciens jurisconsultes lui aient même refusé le titre d'associée et ne lui aient reconnu qu'un droit éventuel à le devenir : *non est socia, sed speratur fore.*

Cette idée, sans doute, renferme une exagération, et personne ne conteste de nos jours à une femme commune en biens le titre d'associée et toutes les prérogatives qui y sont attachées ; mais il n'est pas moins vrai que les droits presque absolus du mari font de la femme une associée d'une nature toute spéciale et dont le rôle est fort restreint.

D'un autre côté, la seule qualité d'épouse entraîne pour la femme une restriction très rigoureuse à sa capacité, et l'on peut dire, bien que le mot ne se trouve pas dans les textes, que la femme ne peut pas s'obliger sans le consentement de son mari ou l'autorisation de justice.

(1) *Coutume de Paris,* art. 225, et POTHIER, *De la Communauté,* n° 470.
(2) Art. 1421.

Ces idées générales nous ont paru nécessaires pour nous permettre de comprendre les décisions fort bizarres du Code civil que nous allons bientôt rencontrer, en nous plaçant en face d'une obligation contractée par une femme commune en biens.

La femme contracte un engagement envers un tiers, engagement que nous supposons valable. Sur quels biens ce créancier pourra-t-il se faire payer ? Telle est la question qu'il faut résoudre.

En principe, une femme qui contracte un engagement valable peut se trouver dans trois situations distinctes : elle agit avec l'autorisation de son mari, ou elle est autorisée par la justice ; elle peut enfin, tout en agissant seule dans ses rapports avec les tiers, se présenter comme mandataire de son mari. Nous examinerons ces trois hypothèses dans trois chapitres différents ; puis, dans un quatrième chapitre, nous dirons quelques mots des obligations de la femme résultant d'une source autre qu'un contrat.

CHAPITRE PREMIER

DES OBLIGATIONS CONTRACTÉES PAR LA FEMME
AVEC L'AUTORISATION DE SON MARI

L'autorisation donnée par le mari à sa femme produit un effet incontestable : c'est de rendre à celle-ci la capacité qu'elle avait perdue par le mariage ; l'obligation contractée par la femme dans ces conditions devient donc parfaitement valable, et le créancier pourra en poursuivre l'exécution sur le patrimoine de la femme. Nous n'aurons dès lors qu'à faire la stricte application de l'article 2092. Mais de quoi se compose le patrimoine propre de la femme pendant la durée du mariage ? Il est réduit, nous l'avons vu plus haut, à la nue propriété des immeubles qu'elle possédait avant son mariage ; le droit des créanciers sera donc fort restreint et ne pourra, dans bien des cas, s'exercer d'une façon pratique et efficace. La situation des créanciers, privés de tout droit de poursuite sur les biens communs, eût rendu fort difficile à une femme commune tout rapport avec les tiers, puisqu'elle ne pouvait leur offrir une garantie suffisante de ses engagements ; il y avait dans cette situation un danger que la loi a voulu conjurer.

Le législateur vient, en effet, au secours des créanciers et leur permet de poursuivre non seulement les biens de la femme, mais encore ceux de la communauté et même les biens propres du mari (1). L'action des créan-

(1) Art. 1419.

ciers se trouve donc étendue d'une façon anormale,
puisqu'ils peuvent se faire payer sur des biens qui ne
faisaient pas partie du patrimoine de leur débiteur; nous
voulons parler des biens du mari.

Pourquoi nous trouvons-nous en présence d'un semblable résultat, et comment le justifier ?

Avant d'entrer dans la discussion que soulève ce
point délicat, nous devons faire une remarque qui nous
semble nécessaire pour bien saisir l'état de la question.
Si l'on se trouvait en présence d'une femme qui se fût
obligée sans l'autorisation de son mari, nul doute ne
serait possible : les créanciers ne pourraient poursuivre
que les biens propres de la femme ; nous verrons plus
loin des applications de cette idée. Intervient le consentement du mari à la dette de sa femme : dès lors le gage
des créanciers se trouve étendu d'une façon remarquable ; l'autorisation du mari est donc l'acte qui à lui
seul produit ce résultat, et sur lequel nous devons uniquement porter notre attention. La question que nous
avons à discuter est donc celle-ci : Comment peut-il se
faire que l'autorisation maritale ait pour effet d'offrir
aux poursuites des créanciers de la femme non seulement les biens communs, mais encore les biens propres
du mari ?

Les auteurs sont loin d'être d'accord quand il s'agit
d'expliquer et de justifier au point de vue doctrinal la
disposition de l'article 1419.

Nous laisserons de côté les systèmes intermédiaires
qui ont pu se produire sur ce point, et nous n'examinerons que les deux principaux.

Pour les uns, le mari, en autorisant sa femme, prend
lui-même une part directe à la dette qu'elle contracte, il
s'oblige lui-même envers les tiers et fait sienne la dette
souscrite par sa femme ; dès lors il n'y a rien d'étonnant
à ce que les créanciers puissent poursuivre non seulement les biens propres du mari, mais encore ceux de la

communauté, sur lesquels il possède les plus larges pouvoirs d'administration et de disposition.

Pour d'autres, l'autorisation du mari a simplement pour effet de lever l'obstacle qui s'opposait à ce que la femme, copropriétaire des biens communs, pût engager ces biens au paiement de ses dettes ; cet obstacle disparaissant, la communauté répond des obligations contractées par la femme, et les biens du mari sont engagés par conséquence de cette obligation, puisque toutes les dettes de la communauté sont dettes du mari. Le mari n'est donc, dans ce système, tenu de la dette que par suite de sa qualité de commun en biens.

Avant d'entrer dans l'examen des arguments exposés par l'un et l'autre système, il nous semble nécessaire de jeter un coup d'œil sur notre ancien droit et de rechercher quelle a été l'origine historique de la disposition si remarquable contenue dans l'article 1419.

Notre législation actuelle s'est inspirée généralement à deux sources bien différentes, et il est bien rare qu'un texte de loi ne se rattache à l'une ou à l'autre de ces sources législatives ; nous voulons parler du droit romain et du droit coutumier. Quelquefois, il arrive qu'une institution puise son origine dans l'une de ces deux législations ; mais par suite du contact nécessaire du droit romain avec le droit coutumier, l'autre législation exerce une certaine influence sur l'institution primitive, de sorte que l'interprète moderne se trouve en présence de textes fort énigmatiques. Ces textes, en effet, présentent les caractères des deux systèmes de législation, et il est fort difficile d'en déterminer l'origine exacte. Nous allons bientôt en voir un exemple.

Ce n'est pas dans le droit romain qu'il faut chercher l'origine première de l'article 1419 : cette législation ne connaissait pas, en effet, d'institution analogue à l'autorisation maritale. Si nous nous reportons à l'ensemble des règles qui nous ont été transmises par Justinien au sujet du régime auquel étaient soumis les biens des époux, il sera facile de nous rendre compte des différences qui séparent ce régime de notre communauté. D'une façon générale, on peut dire que les intérêts des époux sont complètement séparés, et loin de chercher dans le mari un administrateur et un protecteur des droits de la femme, le législateur romain le traite avec défiance et cherche à placer le patrimoine de la femme en dehors de son atteinte [1]. On veut, avant tout, que la dot reste intacte, afin que la femme puisse plus facilement contracter une nouvelle union, au cas où son premier mariage viendrait à prendre fin : *Reipublicæ interest mulieres dotes salvas habere propter quas nubere possint* [1]. Les deux patrimoines étaient indépendants, et la femme n'avait pas à demander le consentement ou l'autorisation de son mari pour accomplir un acte relatif à ses propres intérêts.

Dans le droit coutumier, le législateur ne s'inspire plus d'une idée de défiance à l'égard du mari ; tout au contraire il voit, en lui, le protecteur naturel de la femme. Le mari possède un pouvoir d'une nature toute particulière et assez mal définie de nos jours : le *mundium*. Cette puissance du mari s'exerçait et sur la personne et sur les biens, et la femme ne pouvait accomplir aucun acte relatif à son patrimoine, sans le consentement de son mari. Quelques auteurs vont même plus loin et prétendent que le mari pouvait disposer des biens de sa femme sans son autorisation. Cette particularité ne nous semble pas invraisemblable si l'on veut considérer, d'une part, que les biens des époux étaient considérés comme des biens indivis, en vertu de la copropriété de famille que nous retrouvons à l'origine des institutions germaniques, et d'autre part que les larges pouvoirs que le mari tenait du *mundium*

---

(1) Loi 2. Dig., *de Jure dotium*.

faisaient de lui plus qu'un copropriétaire ordinaire, mais lui conféraient des droits absolus sur le patrimoine commun. Nous n'insisterons pas sur ce point assez obscur, et nous nous bornerons à indiquer que vers le milieu du xiii⁰ siècle, les monuments législatifs nous montrent la femme soumise à l'autorité de son mari, toutes les fois qu'il s'agit de contracter des obligations relatives à son patrimoine. L'autorisation maritale a donc sa source dans le droit germanique.

Si nous voulons rechercher la véritable origine du droit spécial contenu dans l'article 1419, nous sommes réduits à de véritables conjectures. Jusqu'au xvi⁰ siècle, nous ne trouvons absolument aucun texte législatif qui nous donne des renseignements précis à cet égard.

Le droit du mari sur la femme s'est transformé ; le *mundium* a disparu, on dit que le mari est *gardien* de sa femme [1]. *La garde ou bail* est une puissance assez analogue à la tutelle romaine et produit à peu près les mêmes effets. Le mari qui autorise sa femme la rend capable de contracter.

Si nous envisageons l'hypothèse où la femme fait un commerce, nous voyons qu'elle est autorisée par le seul fait qu'elle l'exerce au su de son mari, et, chose plus remarquable, celui-ci est tenu des dettes contractées par sa femme. *Le tablier de la femme oblige le mari*, dit un vieux proverbe [2].

Pour justifier cette règle, les anciens auteurs invoquent les lois romaines et renvoient au titre du Digeste : *De institoriâ actione*. Cette citation nous fait saisir à merveille quel enchaînement d'idées a conduit nos anciens auteurs à ce résultat.

A l'origne, le droit coutumier refusait à la femme le

---

(1) LOISEL, 1, 1, 1 Bail, Garde, Mainbour *(mundium)* sont quasi tout un. Règle 3 : Le mari est bail de sa femme.

(2) *Institutes* DE LOISEL. Note de Laurière. Livre 1, i, 29.

droit de contracter sans l'autorisation du mari ; mais les effets de cette autorisation n'étaient pas déterminés d'une façon juridique. Plus tard, quand le droit romain se fut introduit dans notre législation, on chercha à préciser les effets de cette autorisation. On chercha dans le droit romain une institution analogue dont on pourrait appliquer les règles à la matière de l'autorisation maritale. Les jurisconsultes anciens professaient le plus profond respect pour là loi romaine, et ils auraient cru manquer à un devoir, s'ils n'avaient justifié par des principes romains les règles de notre droit coutumier qui y paraissaient cependant les plus étrangères.

Ce fut dans les règles de la *patria potestas* que l'on trouva une analogie prétendue. Comparant la femme qui fait le commerce au vu et su de son père, et contre lequel on donne l'action appelée *institoria,* comme si le père avait lui-même contracté, les auteurs du moyen âge ont adopté la même idée et ont déclaré que le mari serait tenu des engagements contractés par sa femme. On considère qu'à son égard, il est un véritable mandant sur lequel doivent se répercuter les actions dirigées contre sa femme.

Ce point de départ, admis d'abord en droit commercial, fut bientôt étendu aux obligations contractées civilement par une femme autorisée par son mari.

Il n'est pas besoin d'insister pour faire ressortir la fausseté d'une semblable déduction. Sans doute, le principe est vrai, si l'on se place au point de vue des règles du mandat, et nous verrons l'article 1420 faire une fort juste application de cette idée, au cas où la femme contracte comme mandataire tacite de son mari; mais il est absolument faux d'assimiler à cette hypothèse celle où la femme agit pour ses propres affaires, avec l'autorisation du mari.

Les juriconsultes d'une époque plus rapprochée de

la nôtre avaient parfaitement saisi cette inconséquence,
et ils se refusaient, pour la plupart, à admettre que le
mari serait tenu personnellement de la dette.

Bourjon nous déclare que « la communauté rend au
mari les engagements communs et obligatoires, tant
que la masse de la communauté dont il est le chef est
dans sa main ; mais après la dissolution de la communauté, ces mêmes engagements ne peuvent plus militer
contre lui que pour moitié, et il serait dur de prétendre
la solidité, qui n'a lieu que pour les engagements
qu'il a contractés lui-même [1]. »

Pothier semble adopter la même solution dans son
Traité de la puissance du mari, n° 78. Il déclare que
l'autorisation donne à la femme le pouvoir de charger
la communauté des dettes qu'elle contracte.

Enfin, dans son *Traité de la Communauté,* il distingue avec soin les dettes contractées par le mari et
celles tombées en communauté du chef de sa femme,
et il déclare que c'est dans le premier cas seulement
que le mari pourra être poursuivi pour le tout après la
dissolution du mariage, théorie qui semble indiquer
que Pothier ne considérait pas le mari comme tenu de
la dette par un fait volontaire de sa part, mais seulement en qualité de commun en biens [2].

Quant à Lebrun, il semble admettre une théorie absolument contraire, et il déclare que le mari qui autorise
sa femme *est censé contracter* lui-même [3].

Il nous reste à examiner en quelques mots si les
travaux préparatoires viennent jeter quelque lumière
sur cette discussion.

Nous ne ferons aucune difficulté pour reconnaître

(1) BOURJON, *Droit commun de la France.* L. 3, t. X, 4ᵉ partie,
chap. IV, section 2, n°ˢ 7 à 9.

(2) POTHIER, *Traité de la Communauté,* 5ᵉ partie, art. 1ᵉᵉ, n°ˢ 729
et 730.

(3) LEBRUN, *Traité de la Comm.* L. 2, chap. 2, section 2, n° 7.

qu'ils sont assez obscurs sur le point que nous étudions. Cependant, nous pensons qu'il faut y voir, sinon la preuve, du moins l'intention, manifestée d'une façon plus ou moins claire, de déclarer que la communauté sera seule tenue des engagements de la femme, et que le mari ne sera pas tenu personnellement.

Lorsqu'on discuta l'article 6 du projet, qui correspond à l'article 220 du Code civil, une discussion s'engagea entre les orateurs du conseil d'Etat, sur le point de savoir quelle serait la conséquence des engagements de la femme. La femme commerçante est tenue par corps; devra-t-on déclarer que le mari sera, lui aussi, contraignable? Il est bien évident que cette question revient à se demander si le mari s'est obligé à la dette par un fait volontaire, car s'il en est ainsi, la dette aura à son égard le même caractère que vis-à-vis de sa femme, et il sera soumis à la contrainte par corps; sinon, tout autre sera le résultat.

La question avait été soulevée par le tribunal d'appel de Dijon, qui demandait « si la marchande publique, qui oblige son mari quand il y a communauté entre eux, le rend aussi sujet à la contrainte par corps pour les obligations qu'elle a contractées dans son commerce. »

Tronchet, après avoir déclaré que l'acte emportant contrainte par corps n'y soumet que la personne qui l'a signé, ajoute, comme réponse à la question posée par le tribunal de Dijon, « que la communauté est affectée dans tous les cas pour les dettes que contracte la femme, marchande publique. »

Il semble ressortir de ces expressions, d'une part, que la communauté est toujours tenue, et que de l'autre, si le mari est tenu, il ne sera pas contraignable par corps.

Mais, pour rester dans la vérité, nous devons ajouter que la phrase dans laquelle Tronchet déclarait que la contrainte par corps n'était jamais applicable au mari était une réponse au conseiller d'Etat Cretet, qui lui adressait une demande relàtive aux engagements d'une femme *non commune* en biens.

Tel nous semble être le résumé impartial des précédents historiques en notre matière ; nous devons avouer qu'ils ne semblent pas absolument concluants dans un sens ou dans l'autre, et qu'ils ne doivent pas jeter une lumière bien vive sur la discussion que nous allons aborder. Nous pouvons remarquer, cependant, qu'ils paraissent plutôt favorables à l'idée d'après laquelle le mari ne serait pas tenu, par suite d'une obligation propre, de la dette contractée par sa femme, mais qu'il se trouve obligé comme chef de la communauté et en cette seule qualité. Néanmoins, nous le répétons, il nous semble téméraire de vouloir fonder une théorie uniquement sur ces précédents historiques, qui, au fond, sont assez obscurs.

Abordons maintenant l'étude des deux systèmes qui cherchent à dégager la véritable cause juridique de l'article 1419 ; les arguments exposés par l'un et par l'autre sont des plus sérieux et méritent un examen attentif.

Nous diviserons cette matière en quatre paragraphes. Dans les deux premiers, nous indiquerons les raisons invoquées par les auteurs à l'appui de l'une et l'autre doctrine ; dans un troisième, nous verrons les conséquences pratiques des deux théories ; enfin, un quatrième paragraphe sera consacré à l'examen des motifs de l'article 1419 et à la détermination de son champ d'application.

§ Iᵉʳ. — *Du système d'après lequel le mari s'oblige lui-même et directement envers les créanciers par son autorisation.*

Les auteurs qui adoptent cette théorie considèrent les larges pouvoirs du mari sur les biens communs et déclarent qu'il n'est pas possible qu'une obligation contractée par la femme puisse frapper le patrimoine commun sans avoir, auparavant, reposé sur la tête du mari qui, par son autorisation, a fait la dette sienne et, dès lors, s'est engagé comme s'il avait lui-même consenti à l'obligation. Le mari, en effet, est le maître absolu des biens communs ; lui seul en a l'administration, lui seul peut les vendre, les aliéner et les hypothéquer. La femme, au contraire, n'exerce pendant le mariage aucun pouvoir propre sur ces biens ; sans doute, nous ne lui refusons pas le titre d'associée, mais c'est une associée dont le rôle est presque réduit à néant, et il est impossible de concevoir qu'elle puisse être la cause d'une obligation qui frapperait les biens communs. Ce serait admettre une solution contraire aux principes de notre ancien droit, contraire aux travaux préparatoires et en opposition formelle avec les règles du Code civil, qui, en aucune façon, n'a entendu innover sur ce point.

Il est vrai qu'en admettant ce point de départ, on se trouve immédiatement en présence d'une règle fort ancienne et dont la justification se passe de commentaire ; nous voulons parler de l'adage : *Qui auctor est, non se obligat.* Mais il faut reconnaître qu'en notre matière, l'article 1419 a dérogé aux principes du droit commun.

La règle romaine s'appliquait en effet et s'applique encore de nos jours à des hypothèses tout à fait différentes de la nôtre.

En premier lieu, l'empire de la maxime régissait les rapports du tuteur avec son pupille ; en donnant l'*auctoritas* nécessaire à ce dernier pour figurer valablement dans un acte juridique, le tuteur ne s'obligeait pas personnellement ; il se bornait, par son intervention, à lever l'incapacité du mineur romain, et il eût été injuste de lui faire subir les conséquences de son *auctoritas*, quand il n'avait aucune faute à se reprocher. Il en est

de même, dans notre droit, à l'égard du curateur qui
assiste un mineur émancipé, et à l'égard d'un conseil
judiciaire nommé à un prodigue ; mais, dans tous ces
cas, nous nous trouvons en présence de personnes
chargées de protéger le patrimoine d'autrui, patrimoine
auquel elles restent complètement étrangères ; leur
intervention n'est autre chose qu'une simple formalité
destinée à protéger des incapables. En aucun cas, l'acte
auquel elles ont donné leur consentement ne pourra
avoir d'influence sur leur propre patrimoine ; il était
impossible d'admettre une obligation personnelle à leur
charge.

Envisageons, au contraire, la situation du mari qui a
donné son consentement à un acte accompli par sa
femme. Pouvons-nous dire, ici, que le résultat de l'engagement sera sans influence sur le patrimoine du mari,
ou sur les biens communs, et que, dans aucun cas, les
biens du mari ne recevront le contre-coup de l'engagement de la femme ? Un pareil raisonnement serait inadmissible, car « les intérêts du mari et de la femme
» communs en biens sont tellement mêlés, on peut dire
» enchevétrés, que tous les actes accomplis par la
» femme et qui lui semblent propres intéressent le
» mari à un degré plus ou moins élevé (1). »

S'il en est ainsi, comment pourrait-on soutenir qu'il
faut appliquer, par analogie avec les hypothèses si-
gnalées plus haut, la règle *Qui auctor est non se obligat*,
aux obligations contractées par la femme avec l'autorisation de son mari ? Peut-on, de bonne foi, assimiler le
cas qui nous occupe à celui où un tuteur donnait son
autorisation au pupille qui contractait un engagement
avec des tiers, et dira-t-on que les conséquences de
l'engagement seront aussi étrangères au patrimoine de
celui qui autorise, dans un cas que dans l'autre ? La

(1) COLMET DE SANTERRE, t. VI, p. 109.

simple logique exige donc qu'il soit dérogé à la règle générale en faveur des créanciers de la femme, puisque les raisons qui la justifient dans les autres cas font totalement défaut dans notre hypothèse.

L'argumentation qui précède trouve un appui fort solide dans les textes de la loi ; les articles 5 du Code de commerce, 1409-2° et 1419 du Code civil renferment la pensée du législateur à cet égard.

La femme oblige son mari s'il y a communauté entre eux, nous déclare l'article 5. En présence d'un texte aussi formel, il n'est guère possible de nier qu'il existe entre les créanciers d'une femme marchande publique et son mari les rapports d'obligation qui existent entre un créancier et un débiteur. « La femme oblige son » mari, nous disent les partisans de ce système ; donc » le mari s'oblige, partant il est tenu personnelle- » ment [1]. » Le résultat de l'opération est absolument semblable à celui qu'auraient obtenu les créanciers en faisant intervenir le mari lui-même à l'acte d'engagement ; le consentement donné par lui à sa femme exerçant le commerce a donc pour conséquence de l'engager envers les créanciers comme s'il avait lui-même traité avec eux.

Quant à l'article 1419, les auteurs ne font aucune difficulté pour reconnaître qu'il n'est guère possible d'en tirer un argument en faveur du système qu'ils défendent. Tout au contraire, ils concèdent volontiers que les apparences grammaticales semblent donner raison à la théorie qui repousserait l'idée d'une obligation directe du mari ; mais ils font remarquer qu'il ne faut pas s'attacher à la lettre du texte et que l'interprète doit le rapprocher de l'article 5 du Code de commerce, qui semble indiquer d'une manière aussi

(1) THALLER, *Revue critique : De la Faillite des différents commerçants*, p. 587.

claire que précise quelle a été l'intention du législateur.

Certains auteurs ont cherché à justifier le principe de l'obligation directe du mari par une considération plus juridique. Pour eux, si le mari s'oblige directement, en autorisant sa femme à contracter, c'est en vertu d'un mandat qu'il donne à celle-ci. L'autorisation vaut mandat : *Mandasse censetur*. Il est facile de s'expliquer dès lors comment il se fait que les biens communs répondent de l'obligation, puisque le véritable débiteur n'est pas la femme, mais bien le mari, qui lui a donné mandat ; les biens de la communauté doivent répondre des dettes contractées par le mari pendant le mariage (article 1409-2°) ; il était donc nécessaire de donner aux créanciers, dans notre hypothèse, un droit de poursuite non seulement sur les biens du mari et sur ceux de la femme, mais encore sur ceux de la communauté.

Avant d'apprécier le mérite de la théorie d'après laquelle le mari se trouve directement obligé par l'obligation contractée par sa femme, nous devons mettre en regard les arguments invoqués par la théorie contraire, afin de permettre d'en mieux apprécier la valeur réciproque.

§ II. — *Du système d'après lequel les biens communs sont obligés directement par la dette de la femme.*

Il est de principe que deux associés, ou deux copropriétaires d'un fonds commun, peuvent affecter le patrimoine indivis aux obligations contractées par chacun d'eux. Si nous nous trouvions, sous le régime de communauté, en présence de deux associés ordinaires, la règle générale devrait s'appliquer, et le fonds commun devrait répondre des dettes valablement contractées par chacun des époux. S'il n'en est pas ainsi, c'est parce que les pouvoirs exorbitants du mari sur la communauté s'opposent à ce qu'une obligation frappe le patrimoine commun sans son autorisation. Jusqu'ici, nous le voyons, les auteurs sont d'accord avec la théorie précédente, pour reconnaître qu'une dette ne peut frapper la communauté du chef de la femme seule; mais on refuse d'admettre que l'autorisation maritale ait le pouvoir d'obliger directement le mari. Le consentement donné à la femme a un double objet : 1° relever la femme de l'incapacité dont elle est frappée par l'article 217, et 2° détruire l'obstacle que les pouvoirs énormes du mari sur la communauté mettaient à l'exercice normal des droits que la femme puisait dans sa qualité de copropriétaire du fonds communs.

L'obstacle disparaissant, rien ne s'oppose plus à ce que l'on applique à l'obligation contractée par la femme les règles du droit commun, et les créanciers de celle-ci acquièrent dès lors un droit de poursuite sur les biens de la communauté. Quant au mari, il n'y a rien d'étonnant à ce qu'il soit tenu de la dette sur ses biens personnels, puisque toute dette qui frappe les biens communs rejaillit sur le patrimoine propre du mari. Remarquons-le bien, cependant, si le mari est tenu par suite de son autorisation, ce n'est pas en vertu d'un fait personnel de sa part, comme dans la théorie que nous avons exposée plus haut; c'est en vertu de la loi elle-même, qui fait découler son obligation de cette circonstance que la communauté est engagée au paiement de la dette contractée par la femme. Si le mari est tenu de l'obligation, ce n'est plus parce qu'il s'est obligé lui-même, ou parce qu'il a donné mandat à sa femme d'agir à sa place, mais uniquement parce que la communauté étant engagée, le législateur décide que lui aussi sera tenu sur ses biens personnels. Il n'y a dans ce résultat que la compensation équitable des larges pouvoirs que le mari possède sur les biens communs. A l'égard de ces biens, il jouit de droits absolus, il en est presque le propriétaire; n'était-il pas juste que le mari fût tenu, même sur ses biens personnels, des dettes qui grevaient la communauté ?

Nous rattachons donc l'obligation du mari à un tout autre principe que précédemment ; et ce n'est plus dans un fait volontaire de sa part, mais dans la loi, que nous trouvons la cause juridique de son obligation. Il en résulte que pour ces auteurs, le mari n'est tenu qu'en sa qualité de commun, *quasi socius*, et dès lors il ne pourra être poursuivi que du chef de la communauté et pour la part qu'il en a recueillie.

Ce système présente sur le précédent un avantage qui nous semble considérable et nous décide à l'adopter : c'est qu'il est conforme aux principes généraux du droit en matière d'autorisation et justifie la règle de l'article 1419, sans avoir recours à une explication, ingénieuse sans doute, mais qui a le grave défaut de déroger sans raison suffisante aux principes du droit commun.

Nous n'avons, d'ailleurs, qu'à nous reporter aux quelques notions historiques que nous avons exposées plus haut, pour nous rendre compte que ce système n'est pas moins conforme aux traditions de notre ancien droit ; nous n'en voulons comme preuve que le témoignage de Pothier, que nous avons déjà eu l'occasion de signaler.

Dans son traité de la *Puissance maritale*, il nous déclare que « l'autorisation du mari donne à la femme » commune en biens le pouvoir de charger des dettes » qu'elle contracte, par l'acte pour lequel elle est autorisée, » la communauté. » N'est-ce pas la confirmation absolument claire de notre théorie, qui se trouve ainsi résumée d'une façon aussi nette que précise par la plume de ce grand jurisconsulte ?

Quant aux textes, il nous sera facile de montrer qu'ils sont parfaitement d'accord avec les principes que nous venons d'exposer.

L'article 1419 nous semble être le texte fondamental de la matière ; c'est, en effet, dans cet article que le législateur, laissant de côté toute idée accessoire, s'occupe spécialement du point que nous étudions : le droit de poursuite des créanciers. Si l'on examine ce texte avec soin, on pourra se convaincre facilement qu'il a une portée tout autre que celle indiquée par les auteurs précédents.

L'article 1419 vise un droit de poursuite sur les biens du mari et de la communauté, et non pas un rapport personnel d'obligation qui nous indiquerait de quelle manière procède la dette à l'égard des différents patrimoines affectés au gage des créanciers.

On peut dire, il est vrai, que la loi place sur la même ligne les biens de la femme et ceux du mari ; or, les premiers étant frappés par suite d'un engagement personnel de la femme, il devrait en être de même des seconds. Cette argumentation ne saurait nous convaincre, car elle repose sur une déduction qui ne nous semble pas résulter des termes de la loi. L'attention du législateur ne s'est certainement pas portée sur le point qui nous occupe : le texte, nous le répétons, ne vise qu'un droit de poursuite sur les biens, et l'on suppose déjà résolue la question de savoir comment sont tenus les différents patrimoines ; et il faudrait un texte plus précis pour justifier la solution du premier système, surtout si l'on considère que cette solution porte une grave atteinte aux principes généraux.

D'ailleurs, nous pouvons déduire de l'article 1409 un argument qui répondra victorieusement à celui de nos adversaires. La loi vise le sort des dettes contractées par les époux, soit avant, soit après le mariage, et nous déclare que la communauté est tenue des dettes mobilières contractées par la femme avant la célébration de son mariage. Or, ne sommes-nous pas en droit de répondre que certainement ce n'est pas du chef du mari que la communauté est tenue dans ce cas, et que par conséquent il doit en être de même des dettes contractées par

la femme autorisée par son mari ? Nous n'insisterons
pas cependant sur ce rapprochement; nous avons eu
pour seul but de montrer qu'il est possible, dans tous
les cas, de mettre les textes d'accord avec des principes
différents. En un mot, nous avons cherché à prouver
que les rédacteurs du Code n'avaient pas porté leur
attention spéciale sur ce point de notre discussion, et
qu'il serait tout au moins téméraire de chercher dans
les termes de la loi des raisons décisives en faveur de
l'une ou de l'autre solution.

Quant à l'argument tiré de l'article 5 du Code de
commerce, nous y répondrons d'un mot, et nous mon-
trerons qu'il peut parfaitement s'expliquer dans notre
théorie, si l'on veut l'examiner sans parti pris. La femme,
nous dit-on, oblige son mari s'il y a communauté entre
eux, c'est donc la preuve que le mari s'est obligé directement par un fait volontaire de sa part, le mandat qu'il
donne à sa femme, par exemple.

Rien ne nous semble moins juridique que cette déduction. Pourquoi la femme oblige-t-elle son mari ?
C'est parce qu'il y a communauté entre eux. La communauté est donc le principe de l'engagement du mari,
et si elle n'eût pas existé entre les époux, le mari ne
serait pas obligé ; dès lors, n'est-on pas en droit de conclure que l'obligation du mari n'est qu'une conséquence de l'obligation qui frappe la masse commune ?
Et si le mari répond de la dette, c'est en sa qualité de
commun, *quasi-socius,* et non en vertu d'une obligation
résultant d'un fait personnel.

Que devons-nous penser maintenant des raisons par
lesquelles le premier système essaie de justifier la dérogation à la maxime générale : *Qui auctor est, non se
obligat ?* Nous avons vu qu'on cherche à l'expliquer
par la confusion d'intérêts qui existent entre le mari et la
femme, confusion qui place le mari dans une situation
toute différente du tuteur romain ou de notre curateur.

L'argument, s'il était vrai, aurait une portée trop considérable, et devrait s'appliquer à tous les régimes matrimoniaux. Ce n'est pas seulement sous le régime de la
communauté que l'on trouve l'intérêt du mari mêlé avec
celui de la femme; le cas peut se présenter même sous
le régime de séparation de biens, puisque la femme doit
contribuer pour une certaine part aux charges de la
communauté. Si l'autorisation du mari implique par
elle-même un engagement direct de celui-ci à la dette;
si l'autorisation vaut mandat, le mari sera tenu sur
ses propres biens, quel que soit le régime sous lequel
sont mariés les deux époux. Cette conclusion est absolument inadmissible, et aucun auteur n'a osé la soutenir; elle s'impose, cependant, logique et nécessaire, à la
théorie de l'obligation directe du mari, et cette conséquence nous semble constituer un argument irréfutable
contre le système qui conduit l'interprète à consacrer un
semblable résultat.

On a fait à notre systéme une objection basée sur l'article 1388 du Code civil. Le mari, dit-on, ne peut renoncer aux droits qui lui appartiennent comme chef de la
communauté; la théorie qui permet à la femme de s'engager elle-même, et d'engager les biens communs au
paiement de ses dettes, ne va-t-elle pas à l'encontre de la
prohibition contenue dans le texte que nous venons de
citer ?

Il est facile de répondre que le mari, en autorisant sa
femme, ne renonce pas à ses droits comme chef de la
communauté; il se borne à lever l'obstacle que ses pouvoirs exorbitants mettaient à l'exercice normal des droits
de la femme sur la masse commune, dont, en réalité, elle
est copropriétaire. Cette autorisation n'implique, en
aucune manière, l'abandon de ses droits de chef; tout
au contraire, elle est la manifestation évidente du respect de l'autorité maritale et des larges pouvoirs du mari
sur le patrimoine commun.

Quant à la théorie qui voit dans l'autorisation maritale une espèce de mandat donné par le mari à sa femme de s'obliger en son lieu et place, un mot nous suffira pour la réfuter. Nous ne faisons aucune difficulté pour reconnaître que cette explication justifie à merveille l'obligation qui frappe les biens propres du mari, et elle forme un complément naturel et indispensable à la théorie de l'obligation directe du mari, qu'elle présente sous un jour fort acceptable, puisqu'elle attribue à cette obligation une cause juridique nette et précise. — Mais si l'on veut rattacher à l'idée de mandat le principe de l'obligation du mari, pourquoi ne pas appliquer jusqu'au bout les règles qui gouvernent la théorie générale du mandat ? Si la femme agit comme mandataire de son mari, elle représente ce dernier à l'acte, et en vertu de l'article 1420, nous devons refuser aux créanciers tout droit de poursuite sur les biens de la femme, puisque celle-ci s'est bornée à représenter son mari, qui, d'après ces auteurs, serait le véritable contractant.

D'ailleurs, nous pouvons faire à cette nouvelle théorie le même reproche qu'au système précédent, puisqu'elle aboutirait à établir une règle générale qui aurait pour effet de rendre l'article 1419 applicable à tous les régimes ; conséquence absolument inadmissible.

§ III. — *Conséquences pratiques des deux systèmes.*

Il nous reste à examiner en quelques mots l'intérêt pratique de toute cette discussion, relativement au point spécial qui fait l'objet de notre étude, c'est-à-dire au point de vue du droit de poursuite des créanciers. L'intérêt ressort tout entier de cette idée que nous avons cherché à mettre en lumière, à savoir que le mari n'est pas tenu directement des dettes contractées par sa femme, mais que l'obligation ne frappe son patrimoine propre que par ricochet, et par suite de l'existence de la communauté dont les biens sont confondus avec les siens.

La différence entre le droit des créanciers se produira à un triple point de vue : 1° au cas où la communauté est dissoute; 2° au cas où la dette de la femme est commerciale ; 3° dans l'hypothèse où l'un des deux époux a été, par une cause spéciale, exonéré de la dette. Passons rapidement en revue ces trois distinctions, qui nous montreront le résultat pratique de toute cette discussion.

1. *Dissolution de la communauté.* — Si l'on admet que le mari est obligé, par un fait personnel, de la dette contractée par sa femme autorisée, il faut dire qu'il pourra, même après la dissolution du mariage ou de la communauté, être poursuivi sur ses biens propres et pour le paiement intégral de la dette. Cette solution n'est que l'application pure et simple de ce principe, qu'un débiteur ne peut se soustraire à l'exécution de ses engagements, ni dépouiller sa personnalité vis-à-vis de ses créanciers : *Nemo exuit propriam personam.* Le mari, par son autorisation, est devenu débiteur au même titre que sa femme, et la cause qui met fin à la communauté ne saurait modifier ses rapports avec les créanciers de sa femme, qui sont aussi les siens propres; il était tenu de la dette pour le tout pendant le mariage, il reste tenu pour le tout après sa dissolution.

Dans notre manière de voir, il en est tout autrement : les créanciers cessent, après le mariage, de pouvoir exercer sur les biens du mari une poursuite intégrale.

En effet, ce n'est pas dans un fait volontaire du mari que se trouve le principe de son obligation, mais dans une disposition spéciale de la loi qui attache, à l'obligation qui frappe les biens communs, une sorte d'obligation accessoire qui rejaillit comme par ricochet sur les biens du mari. Si ce dernier est obligé à la dette, c'est donc en vertu de sa seule qualité de commun en biens. Dès que cette cause vient à cesser, le mari ne répond plus de la dette, ou, pour parler plus exactement, il continue à en être tenu sur l'universalité de son patrimoine, mais uniquement parce qu'il a recueilli une part des biens communs. Si la femme a accepté la communauté, le mari ne pourra être poursuivi que pour la moitié de la dette; si la femme a renoncé, nous devons reconnaître que le mari continuera à être soumis à une poursuite intégrale des créanciers de la femme, absolument comme s'il avait lui-même contracté directement avec ceux-ci. Mais, remarquons-le, si le mari peut être poursuivi pour la totalité, ce n'est pas parce qu'il s'est obligé lui-même au paiement de la dette, mais parce qu'il a recueilli la communauté à lui seul, et qu'il doit répondre de toutes les dettes qui grevaient le patrimoine commun.

II. *Dettes contractées par la femme marchande publique.* — Un second intérêt se présente, au cas où la femme, autorisée par son mari à faire le commerce, contracte des engagements qui frappent la communauté. Les créanciers en vertu de l'article 1419 acquièrent un droit de poursuite contre le mari; mais quelle sera la nature de l'engagement considéré par rapport au mari?

Dira-t-on que le mari est justiciable des tribunaux de commerce, et qu'il était avant la loi de 1867 soumis à la contrainte par corps? Enfin, au cas de faillite de la femme, devra-t-on dire que le mari est soumis aux règles rigoureuses du droit commercial en cette matière? Il faut supposer dans ce cas que les biens propres du mari ont été eux-mêmes insuffisants pour désintéresser les créanciers. Toutes ces questions peuvent se ramener à une seule : le mari est-il ou non considéré comme *commerçant,* par suite de l'autorisation donnée à sa femme?

Aucun doute n'est possible à l'égard de l'obligation contractée par la femme : cette obligation étant commerciale, toutes les conséquences qui découlent de cette

idée devront lui être appliquées. Il en sera de même à
l'égard du mari dans la théorie qui admet que celui-ci,
en consentant à ce que sa femme se livrât au commerce,
s'est obligé lui-même et directement envers les créanciers de cette dernière. Le résultat de ce consentement
donné à l'exercice du commerce de sa femme est de
mettre le mari dans la même situation que si lui-même
avait contracté la dette.

Le tribunal compétent à son égard sera le tribunal
consulaire, et la contrainte par corps lui aurait été
applicable avant 1867.

Enfin, si nous nous plaçons au dernier point de vue
que nous avons envisagé, il faudra déclarer sans hésiter
que le mari pourra être déclaré en faillite.

Dans notre théorie, au contraire, nous nous refusons
à donner la qualité de commerçant au mari qui a
autorisé sa femme à faire un commerce séparé. Il n'y a,
dans toutes ces hypothèses, qu'à faire l'application des
principes que nous avons posés plus haut ; le mari, ne
s'étant pas obligé lui-même à la dette par un fait personnel, ne répond pas commercialement des dettes
contractées par sa femme. Il s'est borné par son autorisation à lever l'incapacité légale qui frappait sa femme,
et il lui a permis, par là même, d'engager les biens communs ; et si les créanciers de la femme ont pu exercer
une poursuite sur les biens propres du mari, c'est précisément en vertu de l'obligation qui frappait la communauté. Mais il ne faut pas aller plus loin et déclarer que
le mari, au cas où ses biens ne seront pas suffisants
pour désintéresser les créanciers de sa femme, pourra
être déclaré en faillite : ce serait le frapper de déchéances
absolument injustifiables, puisque le mari n'est pas lui-
même commerçant.

Dans la théorie qui admet que le mari qui a donné son
consentement au commerce pratiqué par sa femme,
s'oblige lui-même et directement avec les créanciers, on

doit logiquement arriver à décider que le mari, étant lui-même commerçant, pourra être déclaré en faillite ; cette conséquence nous semble être la condamnation du système qui la consacre. Elle est contraire aux principes généraux en matière d'autorisation et à la saine interprétation des faits, puisque la femme seule exerçait le commerce.

III. *Des conséquences de certains faits libératoires à l'égard des époux.* — 1° La femme n'est plus tenue de la dette : l'hypothèse peut en pratique se présenter au cas d'un concordat accordé à la femme en cas de faillite ; on se demande quel en sera l'effet relativement au droit de poursuite des créanciers.

Un point est certain : la femme, étant libérée de la dette, ne pourra, dans aucun cas, être poursuivie sur ses biens personnels. Quant au mari, une distinction est nécessaire. Si l'on admet que le mari est tenu directement des dettes contractées par sa femme, qu'il s'est obligé lui-même à la dette, le concordat n'aura, à son égard, aucun effet libératoire ; il restera tenu de la dette tout entière, qui pourra être exécutée tant sur les biens communs que sur son patrimoine propre. Cette doctrine semble consacrée par un arrêt de la Cour de Paris du 19 février 1845 (1), qui déclare que le mari « ne peut se soustraire au paiement intégral de la dette. »

Dans notre système, le résultat est différent : si la femme est libérée, tous les autres patrimoines cessent d'être tenus, puisqu'ils n'étaient engagés que par suite de la dette contractée par la femme. N'est-il pas singulièrement bizarre que celle-ci soit libérée, tandis que le mari, qui n'est pas entré en rapport avec les tiers, qui, en aucune façon, n'est intervenu au contrat, reste tenu de payer intégralement la dette à lui seul ? Il nous semble que cette conséquence est loin d'être favorable au

(1) Dalloz, 1845, 4, p. 89.

système qui l'admet, et nous n'hésitons pas à condamner la doctrine émise par la Cour de Paris.

2° Le mari est libéré de la dette : nous n'aurons qu'à supposer un résultat inverse. Le mari tombe en faillite et il obtient un concordat, et les créanciers se trouvent en présence d'une obligation consentie par le mari et la femme. Le mari est libéré par suite du concordat, et si l'autre débiteur était un tiers étranger au mari, seul il resterait tenu. Ici la question se complique en ce que le codébiteur du mari est sa femme, celle-ci ne pouvant contracter valablement sans y avoir été autorisée, ou sans le concours du mari à l'acte. Quel sera le droit des créanciers de la femme à l'égard des biens de la communauté ?

Sur ce point, la discussion est des plus vives, et les auteurs que nous avons combattus nous reprochent la conséquence à laquelle doit logiquement aboutir notre système.

Si l'on admet que la communauté est tenue du chef de la femme, ne doit-on pas déclarer que la libération du mari n'aura aucune influence sur la dette de la femme, et que les créanciers pourront poursuivre les biens communs qui leur ont été valablement affectés en gage? Dès lors, on va se trouver en présence de ce résultat singulier d'un débiteur auquel il a été fait remise de sa dette, et qui, cependant, va se trouver tenu de répondre aux poursuites des créanciers sur la totalité de son patrimoine. Ce résultat, s'il était vrai, nous n'hésitons pas à le reconnaître, constituerait une conséquence regrettable pour notre système; mais nous pouvons établir qu'il n'en est pas ainsi.

En effet, rappelons en quelques mots les principes qui nous ont servi à établir notre système. La femme, de droit commun, est incapable de contracter valablement une obligation, et elle doit être autorisée par son mari; grâce à cette autorisation, les créanciers de la

femme pourront exercer leurs poursuites non seulement sur les biens propres à la femme, mais encore sur
les biens de communauté et sur les biens du mari. Il en
résulte que c'est dans l'autorisation maritale que se
trouve le principe de l'affectation des biens communs et
des biens propres du mari à l'exécution de la dette contractée par la femme. Le gage qui porte sur ces deux
patrimoines a donc, en dernière analyse, son principe
dans la volonté du mari, volonté qui fait de lui, en
quelque sorte, un second débiteur du créancier de la
femme; mais nous avons vu qu'il n'est tenu qu'en sa
qualité d'associé, *quasi socius*.

Si nous voulons faire la stricte application de ces
idées à l'hypothèse qui nous occupe, la solution devient
fort simple : le mari n'est tenu que par suite de l'autorisation qu'il a donnée à sa femme, et la communauté n'a
été engagée que par cette intervention du mari à l'acte ;
or, si le concordat libère les biens propres du mari,
pourquoi n'en serait-il pas de même des biens communs
qui ont été affectés au paiement de la dette, en vertu du
même fait et de la même cause ?

§ IV. — *Des cas d'application de l'article 1419*

Jusqu'ici, nous avons recherché quelle est la cause
juridique des solutions données par l'article 1419; nous
devons en quelques lignes indiquer quels sont les motifs
généraux qui ont guidé le législateur dans la rédaction
de ce texte ; l'étendue de la règle qu'il établit varie suivant le point de vue auquel on se place pour la justifier.

Les auteurs qui adoptent la théorie de l'obligation
directe du mari se réfèrent en général à deux motifs
différents.

Les uns s'attachent aux rapports qui existent entre les
époux pendant la durée de la communauté. Sous ce
régime, il y a une confusion d'intérêts entre les patri-

moines des époux, et dans tous les actes accomplis par la femme, on peut dire que le mari intervient soit comme conseiller, soit comme intéressé. Chef de la communauté, il gère un patrimoine auquel tous viennent aboutir soit pour l'usufruit, soit pour la nue propriété : il doit donc être obligé, car il a toujours intérêt.

Si l'on adopte ce motif, on devra faire de l'article 1419 une très large application, et il faudra admettre qu'il n'y aura pas d'exception possible à la règle établie par le texte. Dès que la femme se sera engagée, en vertu de cette confusion d'intérêts qui existe entre les époux, le mari sera lui-même tenu de la dette contractée avec son autorisation. Cette solution devra être donnée, quand même les textes n'accorderaient pas aux créanciers un droit de poursuite sur les biens du mari.

C'est ainsi que l'on devra appliquer l'article 1419 au cas où la femme, ayant vendu un immeuble propre, est poursuivie en garantie en vertu de l'article 1432. Il en serait de même si la femme a voulu doter un enfant du premier lit, ou doter personnellement un enfant commun. Dans ces cas, le mari sera tenu comme s'il avait pris part à l'acte.

L'article 1413 semble cependant, dans une hypothèse spéciale, refuser aux créanciers de la femme tout droit de poursuite sur les biens du mari, puisqu'il limite formellement leurs droits aux biens personnels de celle-ci. Le texte se réfère aux dettes d'une succession purement immobilière échue à la femme, et déclare que si la femme a accepté la succession du consentement de son mari, les créanciers de ladite succession *peuvent poursuivre leur paiement sur tous les biens personnels de la femme.*

Les auteurs qui invoquent ce premier motif sont forcés de reconnaître que le texte de l'article 1413 fournit un argument très sérieux contre leur théorie, puisqu'il démontre d'une façon qui nous paraît évidente qu'il est impossible, dans ce cas, d'étendre le droit des créanciers au delà des limites si nettement déterminées par le Code.

Nous n'hésiterons donc pas à rejeter ce motif ; d'ailleurs, il conduirait l'interprète à faire de l'article 1419 une application trop étendue. Si, en effet, la confusion d'intérêts entre les époux existe d'une façon aussi absolue, on devrait étendre à tous les régimes matrimoniaux la solution de l'article 1419 ; or ce texte est exceptionnel et déroge au droit commun, il doit donc être restreint au seul régime de la communauté ; dans la solution que nous avons critiquée, il n'existe pas de raison valable pour justifier une semblable restriction.

D'autres auteurs se placent à un point de vue différent et justifient l'article 1419 par les rapports des époux avec les tiers. On considère le texte comme fondé sur l'intérêt des tiers qui contractent avec la femme autorisée par son mari. Ceux-ci peuvent, en effet, ignorer dans quel intérêt la femme a contracté ; ils se basent sur cette présomption bien naturelle : c'est que, du moment où le mari autorise sa femme, il s'agit soit des intérêts de la communauté, soit de ses intérêts propres, et la loi répond à cette confiance des tiers en déclarant que le mari sera obligé.

Cette solution est la sauvegarde de la moralité de l'administration du mari ; car sans le texte de l'article 1419, on aurait abouti à des résultats contraires à l'équité. Le mari aurait pu faire figurer sa femme dans l'opération, l'aurait autorisée, et il n'eût pas été lui-même obligé, pas plus que la communauté ; mais, d'un autre côté, le bénéfice du contrat eût été, suivant les cas, soit pour lui, soit pour la communauté.

Dans ce système, si le mari se trouve engagé, c'est en vertu d'une sorte de présomption basée sur cette idée que l'acte a été accompli dans l'intérêt du mari ou de la communauté. Or, une présomption peut supporter la preuve contraire ; les créanciers peuvent, dans certains cas, n'avoir pas eu d'illusion sur le rôle de la femme, ni sur le résultat de l'opération, qui évidemment n'avait pour but que son intérêt personnel; dans ce cas, on devra leur refuser le droit de poursuivre les biens propres du mari et les biens communs.

C'est ainsi que dans les différentes hypothèses indiquées plus haut, on déclare que l'article 1419 cessera de recevoir son application; car, dit-on, l'acte accompli par la femme n'a pu laisser aux tiers aucun doute sur l'intérêt qui était en jeu.

Ce système ne nous paraît pas admissible, car il établit dans l'article 1419 une distinction absolument contraire au texte. Si la femme a géré sa propre affaire, seule elle sera engagée. Alors, comment expliquer le texte qui donne aux créanciers un droit de poursuite sur les biens communs et sur les propres du mari? Et d'un autre côté, si l'on admet, pour être d'accord avec la lettre de l'article 1419, que la communauté et les biens du mari peuvent être poursuivis, on se trouve en contradiction avec le principe même du système, principe qui devrait aboutir à décider que seule la femme sera obligée vis-à-vis de ses créanciers.

La théorie que nous avons adoptée plus haut, relativement à la cause de l'obligation mise à la charge du mari, nous permet d'assigner à l'article 1419 un tout autre motif. Nous avons vu que le mari n'est pas obligé directement par l'autorisation donnée à sa femme, mais que le principe du droit de poursuite accordé aux créanciers sur ses biens propres se trouvait dans l'obligation qui avait tout d'abord frappé les biens communs. Le mari, en autorisant sa femme, a levé l'obstacle qui s'opposait à ce qu'elle pût affecter la communauté au paiement de ses dettes, et il lui a permis d'offrir en gage à ses créanciers non seulement son patrimoine propre, mais encore les biens communs, ainsi que l'exigeaient les principes généraux. L'article 1419, dans notre théorie, se justifie donc par une espèce d'abandon de ses droits sur les biens communs consenti par le mari au profit des créanciers de sa femme. Notre système est d'accord avec les faits ; en cas d'autorisation, les tiers, se trouvant en présence de la femme et de son mari, ont mesuré le crédit qu'ils veulent accorder à leur débitrice non seulement à la valeur de son patrimoine propre, mais encore à celle des trois patrimoines en face desquels ils se sont trouvés. La loi, dans l'article 1419, n'a fait autre chose que consacrer ce résultat.

Quelle sera dans ce système l'étendue et la portée de l'article 1419 ? En général, nous devrons dire que le mari se trouvera obligé toutes les fois qu'il aura donné son autorisation, puisque le principe du droit des créanciers sur ses biens résulte d'une interprétation donnée par la loi elle-même à sa volonté manifestée par son autorisation. Dès lors, il nous sera impossible d'admettre aucune exception, à moins qu'elle ne résulte formellement de la loi elle-même.

C'est ainsi qu'au cas de dot constituée par la mère soit au profit d'un enfant du premier lit, soit sur ses biens personnels au profit d'un enfant commun, nous n'hésiterons pas à faire l'application de l'article 1419, car rien n'indique que le mari, par son autorisation, a voulu restreindre les conséquences de l'acte au seul patrimoine propre de la femme : un texte serait nécessaire pour nous conduire à cette solution.

Quelques auteurs prétendent trouver une dérogation à notre article, dans le cas où la femme autorisée par son mari a vendu un immeuble propre. La femme, disent-ils, ne sera tenue de la garantie que sur ses biens personnels. On se fonde, pour soutenir cette solution, sur l'article 1432. Ce texte vise le cas où le mari a garanti *solidairement* ou *autrement* la vente faite par la femme d'un immeuble propre, et on décide que dans ce cas le mari pourra être tenu sur les biens de communauté et sur ses biens propres. On a tiré de l'article 1432 un argument *à contrario* qui aboutit à dire que c'est dans le seul cas de garantie que les biens communs sont engagés, puisque la loi a cru devoir en faire une disposition expresse ; dans tous les cas où nous ne trouverons pas une obligation de garantie spécialement stipulée par le mari, il faudra dire que les créanciers de la femme n'auront recours que sur ses biens personnels.

Nous ne pensons pas que cette argumentation soit exacte ; elle s'appuie, en effet, sur un texte étranger à la question qui nous occupe. L'article 1432 vise un cas de récompense : il nous déclare que le mari, poursuivi par des créanciers sur ses biens personnels ou sur ses biens communs, aura droit d'obtenir, à la dissolution du mariage, le montant des sommes qu'il a déboursées dans l'intérêt de sa femme ; mais il ne tranche pas la question de savoir dans quel cas le mari pourra être poursuivi : il suppose que les poursuites ont eu lieu conformément aux règles générales que nous avons examinées et indique de quelle manière le mari pourra se faire indemniser du préjudice qu'elles lui ont causé.

De plus, l'argument *à contrario* que ces auteurs veulent tirer de l'article 1432 n'a, d'après nous, aucune valeur. Le texte renferme une expression dont on néglige absolument la portée : « Le mari qui a garanti *solidairement* ou *autrement*... » Pourquoi faire reposer l'argumentation sur le mot : *solidairement,* et faire abstraction du mot *autrement,* qui suit et vient compléter la pensée du législateur ? Ne peut-on pas entendre par ce mot toute espèce d'obligation du mari, et notamment celle qui résulte de l'autorisation qu'il a donnée à sa femme, obligation qui frappe d'abord les biens communs pour rejaillir ensuite sur les propres du mari ?

Nous nous refuserons donc à reconnaître, dans l'article 1432, le principe d'une exception à la règle établie par l'article 1419.

Devrons-nous adopter la même solution dans l'hypothèse prévue par le texte de l'article 1413 ? On suppose qu'une succession immobilière est échue à la femme qui l'accepte avec l'autorisation de son mari. Cette autorisation donne aux créanciers un droit de poursuite sur tous les biens personnels de la femme. Ce résultat est fort bizarre, et nous devons en faire ressortir la singularité.

Si l'on fait abstraction de l'article 1419 et si l'on applique les principes généraux en matière d'autorisation, on doit dire que le mari n'étant pas obligé, la communauté, qui lui appartient en quelque sorte, ne sera pas tenue du paiement de la dette. Les créanciers ne pourront donc poursuivre que *la nue propriété* des biens propres de la femme.

D'un autre côté, la règle de l'article 1419 aurait dû nous conduire à reconnaître aux créanciers de la femme un droit de poursuite non seulement sur la nue propriété des biens de la femme, mais sur tous les biens communs et sur les propres du mari. L'article 1413 donne une troisième solution et accorde aux créanciers le droit de poursuivre non seulement la nue propriété des biens de la femme, mais la pleine propriété de ces mêmes biens, tandis qu'il refuse toute espèce de droit sur les propres du mari et sur les biens communs, abstraction faite des revenus des biens propres à la femme qui sont abandonnés aux créanciers.

En présence d'un pareil résultat, il serait difficile de contester que l'on se trouve dans un cas où il est dérogé à la règle de l'article 1419. Comment peut-on, justifier cette exception ?

Il est facile de s'en rendre compte. Dans les cas prévus par l'article 1419, nous voyons un créancier qui agit avec une femme commune et sait qu'elle est autorisée par son mari : il a donc pu mesurer le crédit de la femme à l'importance du patrimoine possédé par le mari, patrimoine qui, nous l'avons vu, au regard des créanciers comprend les biens des deux époux, et il n'est donc pas étonnant que la loi lui ait accordé un droit de poursuite sur le patrimoine du mari lui-même. Ici, au contraire, l'hypothèse n'est plus la même : les créanciers de la succession n'ont pas traité avec la femme, mais avec le *de cujus* ; ils n'ont eu confiance que dans la solvabilité de ce dernier et non dans celle de ses héritiers qui leur étaient inconnus ; il serait donc injuste de leur donner un droit de poursuite plus étendu que celui auquel ils auraient eu droit si leur débiteur était encore vivant. Il n'y avait donc pas lieu d'appliquer à cette hypothèse la règle de l'article 1419.

Quant à l'extension du droit des créanciers, en tant qu'il porte sur les revenus des propres de la femme, la loi a sans doute voulu par là compenser l'avantage que la communauté retire des revenus des immeubles échus à la femme par la succession dont il s'agit. Le législateur a pensé que la communauté étant appelée à profiter des revenus de ces immeubles, il était juste que par réciprocité, elle abandonnât les revenus des biens de la femme pour payer les dettes relatives aux immeubles laissés par le *de cujus*.

CHAPITRE II

DES OBLIGATIONS CONTRACTÉES PAR LA FEMME AUTORISÉE DE JUSTICE

Nous avons vu que le grand principe qui domine toute la matière est que la communauté ne peut être engagée sans le consentement du mari ; aussi ne devons-nous pas nous étonner que la femme, même autorisée par le juge, ne puisse donner à ses créanciers un droit de poursuite sur les biens communs.

La communauté, en effet, tant que dure le mariage, est considérée comme faisant partie du patrimoine propre du mari ; il exerce sur les biens dont elle se compose des droits absolus et exclusifs qui font obstacle à ce qu'aucune poursuite soit exercée sur ces biens sans qu'elle ait sa source dans un acte du mari.

Permettre à la femme, même autorisée de justice, d'engager les biens communs au paiement de ses dettes, serait porter la plus grave atteinte aux pouvoirs du mari comme chef de la communauté, puisqu'on reconnaîtrait par là même à la femme le droit de faire vendre d'une façon indirecte le patrimoine commun, en conférant ce droit à ses propres créanciers. Un pareil résultat serait la négation complète de l'article 1421, qui confère au mari *seul* le droit d'aliéner les biens communs. Nous n'insisterons pas davantage sur les motifs qui ont inspiré le législateur dans la rédaction de l'article 1421 ;

le texte est absolument formel pour consacrer le résultat
que nous avons indiqué.

S'il nous était permis de nous placer à un point de vue
purement législatif, nous n'hésiterions pas à trouver ce
principe trop rigoureux ; car il nous semble que l'autorisation de justice constitue une garantie suffisante pour
assurer le respect de l'autorité maritale. Aussi ne devons-
nous pas nous étonner de voir le législateur lui-même
tempérer les rigueurs de la règle par des exceptions
dont la nécessité s'imposait avec évidence.

Un premier cas se présentait sous l'empire de la contrainte par corps : la femme pouvait, avec l'autorisation
de justice, engager les biens communs pour tirer son
mari de prison. La loi du 22 juillet 1867 a enlevé à cette
disposition tout son intérêt pratique. Elle reste cependant
applicable au cas où le mari aurait été emprisonné pour
le paiement d'une amende ou des frais d'un procès cri-
minel. On comprend fort bien la pensée qui a guidé le
législateur dans cette hypothèse ; on a considéré que, le
mari profitant de l'obligation contractée par sa femme,
il eût été souverainement injuste de ne pas permettre
aux créanciers de poursuivre les biens de la communauté et ceux du mari.

On s'est demandé si l'article 1427 serait applicable au
cas où le mari aurait été fait prisonnier et qu'une rançon
serait exigée pour sa délivrance. La généralité des
termes du texte ne semble pas s'opposer à ce que la
solution soit étendue à cette hypothèse : d'ailleurs, les
motifs du texte s'appliquent parfaitement à ce cas spécial,
et nous pouvons ajouter que telle était la solution
admise par nos anciens jurisconsultes [1].

Nous devons cependant appliquer cet article avec une
certaine réserve, et lui conserver le caractère exceptionnel que lui ont donné les rédacteurs du Code. C'est

---

[1] Voy. notamment POTHIER, *De la puissance du mari,* n° 37.

ainsi que nous refuserons à la femme le droit de
s'engager afin d'empêcher son mari d'aller en prison,
bien qu'il semble que, dans ce cas, on puisse reproduire
les mêmes motifs que plus haut. Le texte nous semble
formel : il ne prévoit que l'obligation contractée pour
tirer le mari de prison; l'interprète doit s'incliner
devant des termes aussi précis que ceux de l'article 1427.
Nous pensons qu'il doit en être de même au cas où la
femme contracterait un engagement pour obtenir sa
propre liberté, car, ici, ni le texte ni les motifs de
la loi ne nous semblent devoir être invoqués [1].

L'article 1427 contient, dans sa seconde partie, une
nouvelle dérogation aux principes généraux. La femme
peut, en cas d'absence du mari, engager les biens
communs pour assurer l'établissement de ses enfants,
après y avoir été autorisée par justice. Ici, la femme
remplit une obligation naturelle qui lui est commune
avec son mari, mais qui, en son absence, reste à la
charge de la mère, et dont elle ne pourrait s'exonérer
sans manquer à ses devoirs. L'autorisation de justice
sera d'ailleurs une garantie que la faiblesse naturelle de
la femme n'aura pas été exploitée, et le contrôle du juge
préviendra les abus qui pourraient résulter de l'absence
du mari.

Nous devons faire observer que dans notre ancien
droit, l'intervention du juge n'était pas requise dans les
hypothèses qui nous occupent en ce moment ; la femme
seule, sans aucune espèce d'autorisation, pouvait engager
les biens de la communauté [2]. Il nous semble que c'est
avec raison que les rédacteurs du Code ont innové sur
ce point ; la garantie de la justice n'offre pas d'inconvénients sérieux, et elle peut, dans bien des cas, pro-

---

(1) Voyez en sens contraire à ces deux dernières solutions RODIÈRE et
PONT, *Contrat de mariage*, nos 821 et 822.

(2) POTHIER, *loc. cit.,* nos 35 et suiv. L'autorisation de justice n'était
exigée qu'en cas de minorité de la femme.

duire d'excellents résultats au profit des deux époux.

Que doit-on entendre par le mot *enfants* dont parle l'article 1427 ? Nous pensons qu'il faut donner à ce terme une extension très large et y faire rentrer non seulement les descendants du premier degré, mais encore ceux d'un degré ultérieur. Ces derniers, en effet, méritent la même faveur, et les grands-parents sont tenus à leur égard des mêmes obligations que pour les enfants du premier degré.

D'un autre côté, nous pensons qu'il faut restreindre le texte aux seuls enfants communs ; il est impossible, en effet, d'appliquer l'article 1427 aux enfants que la femme aurait eus d'un premier lit, car on ne saurait dire que dans cette hypothèse elle a géré un intérêt commun et remplacé son mari en agissant comme il l'eût fait lui-même s'il eût été présent. Le texte semble cependant ne faire aucune distinction entre les enfants de la femme ; mais nous pensons qu'il rentre mieux dans l'esprit de la loi de restreindre la portée de notre article aux enfants communs, et toute autre solution nous paraît injustifiable.

L'interprétation de l'article 1427 a également soulevé une question fort délicate sur la portée précise du mot absence. Il est bien certain pour nous que la loi n'a pas voulu parler d'un éloignement de fait, mais bien de la situation légale d'une personne dont l'existence est incertaine. Il n'est pas probable que le législateur eût autorisé la femme à suppléer son mari dans l'accomplissement des devoirs qui lui incombent relativement à ses enfants, s'il ne s'était agi que d'un éloignement momentané, qui d'un jour à l'autre pouvait prendre fin ; l'atteinte aux pouvoirs que le mari tient de sa qualité de chef de la communauté eût été trop grave et non suffisamment justifiée.

Mais que doit-on décider si le mari se trouvait dans l'impossibilité matérielle de pourvoir à l'établissement de ses enfants? Devrait-on permettre à la femme de le suppléer?

Remarquons tout d'abord que cette question délicate ne se pose pas pour le cas d'interdiction, et qu'il est absolument certain que l'article 1427 ne saurait être appliqué à cette hypothèse spéciale. L'article 511 a prévu, en effet, le danger, et les enfants de l'interdit n'auront pas à souffrir de l'incapacité de leur père. Il y aura lieu de se référer à ce texte, qui, étant spécial à la nature de l'interdiction, doit être appliqué à l'exclusion de tout autre.

Si nous supposons maintenant un cas d'impossibilité matérielle, devra-t-on permettre à la femme d'engager les biens communs pour établir ses enfants? Quelque dure que puisse sembler notre solution, il nous semble qu'il faut restreindre le texte au seul cas d'absence qu'il a prévu et appliquer dans toutes les autres hypothèses les principes des articles 1419 et 1426, car il n'est pas permis à l'interprète d'étendre par analogie un texte exceptionnel et de suppléer au silence du législateur.

Il n'est qu'un seul cas, d'après nous, où il est permis aux créanciers de la femme de poursuivre l'exécution sur les biens communs, en dehors des termes de l'article 1427 : c'est quand la communauté aura retiré un profit de l'engagement contracté par la femme. L'action des créanciers devra être strictement restreinte à l'enrichissement procuré à la communauté, et ils ne pourront agir qu'en vertu d'une action *de in rem verso*, basée sur ce principe de droit naturel, que personne ne peut s'enrichir aux dépens d'autrui.

CHAPITRE III

DES OBLIGATIONS CONTRACTÉES PAR LA FEMME AGISSANT
COMME MANDATAIRE DE SON MARI

Quand la femme autorisée par son mari s'engage envers des créanciers, l'article 1419 donne à ceux-ci un droit de poursuite fort étendu, puisqu'il porte sur les trois catégories de biens dont se compose le patrimoine des époux. Dans l'article 1420, la loi prévoit le cas où une femme se présente comme mandataire de son mari, et décide que dans cette hypothèse le droit des créanciers sera restreint aux biens communs et aux propres du mari ; ceux de la femme échappent à leur action.

Ce résultat, au premier abord, peut sembler bizarre, puisqu'il nous présente, comme plus haut, une femme qui entre en rapport avec les tiers, du consentement de son mari, qui s'oblige dans l'intérêt de la communauté et qui cependant ne sera pas tenue de la dette contractée dans un intérêt commun.

L'article 1420 n'est que l'application des principes généraux en matière de mandat. Le mandataire, dans notre droit, à la différence du droit romain, représente le mandant, qu'il oblige sans s'obliger lui-même. Celui qui, en réalité, contracte la dette, ce n'est pas la femme, mais bien le mari qui lui a donné mandat; et tant que celle-ci reste dans la limite des pouvoirs qui lui ont été donnés par son mari, ce dernier seul doit être engagé comme s'il eût lui-même pris directement part à l'opéra-

tion ; la femme n'a joué que le rôle d'un porte-parole ;
elle ne peut donc pas être tenue personnellement.

Après avoir ainsi justifié la règle contenue dans l'article 1420, nous devons rechercher dans quels cas il y
aura mandat donné par le mari à sa femme.

Il y a, en effet, un très grand intérêt à distinguer le
mandat de l'autorisation.

L'autorisation ne peut être donnée que par écrit ou
par le concours du mari dans l'acte ; quant au mandat,
il peut être exprès ou tacite, écrit ou verbal.

Il y aura lieu pour le mari à donner mandat à sa
femme toutes les fois qu'il s'agira d'accomplir un acte
qui se réfère au patrimoine du mari, ou aux biens dont
il est administrateur, c'est-à-dire pour tous les actes qui
concernent les biens communs et ceux qui sont relatifs
à l'administration des biens propres de la femme.

Mais si l'acte se réfère au patrimoine propre de la
femme, le mari devra procéder par autorisation, par
exemple s'il s'agit d'aliéner un immeuble resté propre à
la femme. Il ne pourrait, en effet, procéder dans cette
hypothèse par voie de mandat donné à sa femme, car ce
contrat suppose qu'une personne donne à un tiers l'ordre
d'agir pour son propre compte, d'accomplir un acte qui se
réfère à son propre patrimoine ; or, ici l'acte ne se réfère
pas au patrimoine du mari ; le mandat ne saurait se
concevoir ; il devra simplement donner son autorisation,
qui aura pour but de lever l'incapacité dont est frappée
la femme par l'article 217, incapacité basée sur le respect
de l'autorité maritale.

Les principes que nous venons d'exposer sont assez
simples par eux-mêmes et ne présentent aucune difficulté sérieuse, quand on est en face d'un mandat régu-
lier donné expressément à la femme par son mari. Il n'y
a qu'à appliquer les règles générales : le mandant seul
est obligé ; la femme, ne contractant pas pour son propre
compte, ne prend à sa charge aucune obligation.

On peut faire une objection sérieuse au commentaire que nous présentons de l'article 1420. Si le texte n'a eu pour but que de consacrer les principes cités plus haut, il est parfaitement inutile, car personne n'a jamais songé à les contester; dès lors, on doit reconnaître que le texte ne renferme qu'un exposé de principes déjà connus, et l'on a peine à s'expliquer sa présence dans les dispositions relatives au régime de communauté.

Cette objection nous semble parfaitement fondée, et aussi nous pensons qu'il ne faut pas s'attacher aux termes du texte, mais bien plutôt en rechercher l'esprit. Le législateur n'avait certainement pas en vue, en édictant ce texte, le cas d'un mandat exprès donné par le mari à sa femme ; ou, s'il a visé cette hypothèse, il a eu évidemment l'intention toute spéciale de réglementer une espèce particulière de mandat que nous trouvons en matière de communauté : le mandat général et tacite donné par le mari à sa femme de pourvoir aux soins journaliers du ménage.

Ce mandat s'explique par la nature des opérations qu'il comporte ; la femme reçoit en effet de son mari les pouvoirs nécessaires pour contracter les dépenses quotidiennes relatives aux besoins de la maison, à la nourriture et à l'entretien du mari, des enfants et d'elle-même, et ces dépenses ne frappent pas le patrimoine de la femme, mais la communauté et les biens du mari, car la femme ne les a contractées qu'en vertu d'un mandat tacite à elle donné par son mari [1].

Les créanciers qui ont contracté avec la femme n'auront donc contre elle aucune action pendant la durée du mariage, et ils ne pourront la poursuivre après sa dissolution que si elle a accepté la communauté, et jusqu'à concurrence de l'émolument qu'elle en retire.

Ce mandat particulier a donné lieu aux plus graves

(1) AUBRY et RAU, t. V, p. 340, § 509.

difficultés pratiques, et l'examen de la jurisprudence à
cet égard est fort curieux; les arrêts nous présentent
des décisions qui, d'après nous, échappent à toute critique, car le texte de l'article 1420 est assez général et
laisse place à un très large pouvoir d'appréciation de la
part des tribunaux.

D'une façon générale, on devra admettre que la femme
a reçu mandat de son mari, toutes les fois qu'il y aura
ménage commun entre les deux époux, et les créanciers
pourront poursuivre le mari, quand même celui-ci allé-
guerait et prouverait qu'il a remis à sa femme des sommes plus que suffisantes pour acquitter les frais d'entretien du ménage.

Nous pensons, avec la jurisprudence, qu'il faudrait
donner la même solution, quand même les époux
feraient un ménage séparé, soit par suite d'un accord
amiable intervenu entre eux, soit par suite du refus du
mari de recevoir sa femme au domicile conjugal. La
femme, dans ce cas, contracte des dettes pour ses besoins et pour ceux de ses enfants : il n'est pas possible
que le mari puisse s'affranchir de son obligation de
pourvoir aux charges du ménage, en refusant de recevoir sa femme au domicile commun. Il pourrait arriver,
en effet, dans ce cas, que les enfants pussent manquer
des choses nécessaires à la vie. L'obligation du mari résulte donc, dans cette hypothèse, de deux idées
distinctes : 1° du mandat tacite qu'il est censé avoir
donné à sa femme; 2° de l'obligation, qui pour lui
résulte du mariage, de pourvoir à l'entretien de sa
femme et de ses enfants. Cette double considération
nous permettra de reconnaître aux créanciers de la
femme un droit de poursuite très énergique sur les biens
du mari, car nous déclarerons que le mari sera tenu,
quand même il aurait fait défense aux fournisseurs de
vendre des aliments ou autres marchandises à la femme
séparée. Le droit de poursuite se justifierait, dans ce

cas, par la seconde considération que nous avons invoquée [1].

Que décider si la femme a quitté le domicile conjugal contre le gré de son mari? Nous pensons que dans ce cas, la présomption de mandat cesse de s'appliquer, car les créanciers ne peuvent plus invoquer leur bonne foi, puisqu'ils ont été en présence d'une femme habitant seule et ne pouvant justifier d'aucun mandat à leurs yeux. D'un autre côté, ils ne peuvent invoquer l'obligation du mari, puisque ce dernier n'est tenu d'entretenir sa femme et de pourvoir à ses besoins que si elle habite le domicile conjugal [2].

Il y aurait cependant lieu, en fait, de distinguer si c'est à la suite de mauvais traitements ou d'injures graves que la femme s'est trouvée moralement forcée d'abandonner son mari. Dans cette hypothèse, bien que la présomption de mandat ne puisse s'appliquer, on justifie le droit de poursuite des créanciers par les obligations qui, pour le mari, résultent de son mariage [3]. Il en serait de même si la femme qui a déserté le domicile du mari avait emmené avec elle ses enfants; les tiers fournisseurs auront action contre le mari dans la mesure des aliments fournis à ces enfants, puisque le père reste tenu de leur entretien.

Il ne faudrait pas croire, cependant, que la femme tient de son mari le pouvoir de contracter toute espèce de dépenses, quel qu'en soit le montant et quelle qu'en soit la nature.

Si l'on se trouvait en face de dépenses absolument

[1] Dijon, 11 juillet 1872. SIREY 1873, 2, 104.
[2] Cassation, 12 janvier 1874, S. 1874, 1, 305. Cet arrêt casse celui de Dijon que nous venons de citer, arrêt qui n'avait pas fait la distinction entre la femme qui a quitté le domicile à elle assigné par son mari, et celle qui vit séparée par suite d'un accord intervenu entre les deux conjoints.
[3] Paris, 29 août 1857. S. 1857, 2, 768.

excessives et hors de proportion avec les ressources du
ménage, le droit de poursuite des créanciers devrait
être réduit dans une large mesure, car ils auraient pu
facilement se rendre compte que la femme, en les contractant, n'agissait pas en vertu d'un mandat donné par
son mari, mais bien, au contraire, à son insu, et le
devoir des fournisseurs eût été de le prévenir. Ils sont
donc en faute et ne doivent exercer leur recours que dans
une sage limite, qui sera laissée à l'appréciation du juge.

Nous avons vu que le droit de poursuite des créanciers pouvait, dans certains cas, leur être accordé
malgré la défense, à eux faite par le mari, de livrer
des fournitures à sa femme ; le droit des créanciers,
dans ces hypothèses, repose, nous l'avons indiqué, sur
l'obligation du mari de fournir aux dépenses de sa
femme, obligation à laquelle il ne peut se soustraire par
un fait volontaire de sa part ; tel est le cas d'un mari qui
refuse de recevoir sa femme au domicile conjugal. Mais
que devrons-nous décider au cas où, les époux faisant
ménage commun, le mari ferait défense de faire des
fournitures à sa femme ? Il en serait de même, au cas de
ménage séparé, si le mari, donnant une pension à sa
femme pour ses besoins, notifiait aux créanciers la défense de lui faire des fournitures au-delà de cette
somme.

Il faut, à notre avis, faire une distinction entre les
différentes manières dont le mari peut faire défense aux
fournisseurs.

Le moyen le plus efficace consisterait à notifier indi-
viduellement à chaque fournisseur l'intention du mari ;
dans ce cas, la présomption de mandat ne saurait être
admise, en présence d'une négation aussi complète de
la part du mari. Si les fournisseurs, malgré ces avertis-
sements, s'obstinent à faire crédit à la femme, il est bien
évident qu'ils ne pourront, en aucune façon, poursuivre
le mari à titre de mandant.

Dans la pratique, un avertissement individuel fait aux fournisseurs n'est pas possible, ou du moins présente trop de difficultés pour être employé d'une façon utile; aussi le mari, dans bien des cas, a recours à une voie plus commode, et fait insérer dans les [journaux une défense collective, adressée à tous les fournisseurs de la région, de faire crédit à sa femme, en déclarant qu'il ne paiera pas les dettes qu'elle contractera de ce chef. Quel en sera l'effet? Il est difficile de poser, à cet égard, un principe certain; il y aura lieu, pour le juge, d'examiner si, en fait, les créanciers ont pu savoir ou ont connu la défense; mais, d'une façon générale, nous pensons qu'un semblable avertissement ne pourrait produire, par lui seul, un effet absolu.

Quel sera, au cas où le mari ne pourra être poursuivi, le recours des créanciers qui ont traité avec la femme?

Celle-ci, semble-t-il, n'ayant pas traité comme mandataire, doit être considérée comme s'étant obligée pour son propre compte et être tenue personnellement de la dette.

Nous pensons qu'il faut, à cet égard, appliquer les principes généraux en matière de mandat et faire une distinction.

Si la femme s'est présentée aux fournisseurs comme femme non mariée, et a cherché à les induire en erreur sur sa position véritable, il faudra, dans tous les cas, donner à ses créanciers une action personnelle contre la femme, car ceux-ci n'ont pu savoir qu'ils se trouvaient en présence d'un mandataire; il n'y aura donc pas à rechercher si les fournitures ont ou non été utiles à la femme.

Si, au contraire, celle-ci s'est présentée comme mandataire de son mari, et que son mandat vienne à disparaître par suite de la preuve administrée contre elle par ce dernier, il y aura lieu de rechercher si les fournitures ont tourné au profit de la communauté et ont été utiles au patrimoine de la femme. Dans ce cas seulement, il faudrait reconnaître aux créanciers le droit de poursuivre l'exécution de leur droit sur ces patrimoines, en vertu de l'action *de in rem verso,* et dans la mesure de l'enrichissement procuré soit aux biens de la femme, soit aux biens de la communauté. En dehors de cette hypothèse, il ne faudra imposer à la femme aucune obligation, car celle-ci n'est pas tenue personnellement de la dette, puisqu'elle s'est présentée comme mandataire de son mari; celui-ci ne pourra, il est vrai, être tenu du chef de la femme; mais, réciproquement, la femme ne saurait être tenue au regard des créanciers. Cette solution n'est que l'application des principes généraux en matière de mandat.

Une application de l'article 1420 a été faite par la loi du 9 avril 1881, relative à la caisse d'épargne postale.

L'article 6 *in fine* nous déclare que les femmes mariées peuvent se faire ouvrir un livret sans l'assistance de leur mari, et retirer, sans cette assistance, les sommes inscrites au livret ainsi ouvert. Nous n'avons pas à apprécier cette disposition au point de vue législatif; mais nous devons faire remarquer qu'elle porte une atteinte fort grave à l'autorité maritale, surtout dans les ménages d'ouvriers, où le mari n'aura pas la libre disposition des économies qu'il aurait pu réaliser sur son travail, puisqu'en fait la femme aura déposé elle-même les sommes à la caisse d'épargne et aura créé un livret à son propre nom.

Il n'est guère possible maintenant de justifier une semblable disposition, même au point de vue juridique. Il est propable que le législateur a voulu faire, en notre hypothèse, l'application de l'article 1420, et n'a vu, dans l'acte de la femme qui dépose une somme d'argent, que l'accomplissement du mandat à elle donné par son mari. S'il en est ainsi, on devrait déclarer que ce dernier pourra toucher lui-même les sommes déposées par sa femme. Or, ce résultat est inadmissible, puisque la loi ne reconnaît au mari qu'un simple droit d'opposition.

Cependant, nous ne pensons pas que le fait du dépôt opéré par la femme modifie le caractère de ces sommes. Le livret constitue un bien commun, et nous refuserons à un créancier de la femme, non autorisée de son mari, le droit de se faire payer sur les sommes déposées. Car, admettre une semblable solution serait détruire complètement les principes posés par le législateur, en cette matière, dans l'article 1419. Nous devons remarquer qu'en fait, il sera facile d'échapper à cette disposition : la femme, ayant le droit de toucher seule les sommes déposées, pourra effectuer le paiement au créancier, à l'insu de son mari, qui n'aura pu exercer son droit d'opposition, s'il n'a pas connu la dette. Ce résultat est fâcheux ; mais il est la conséquence presque forcée du mécanisme de la loi, dont les rédacteurs n'ont peut-être pas prévu les conséquences à ce point de vue spécial.

CHAPITRE IV

DE L'EFFET DES OBLIGATIONS DE LA FEMME RÉSULTANT D'UNE SOURCE AUTRE QUE LES CONTRATS

Nous n'avons parlé jusqu'ici que des obligations *contractées* par une femme mariée sous le régime de communauté, l'article 1419 et le § 2 de l'article 1409 du Code civil ne visant que ce genre d'engagement. Il existe cependant d'autres sources d'obligations, dont nous devons dire quelques mots, pour présenter notre étude sous tous ses aspects.

La femme peut se trouver tenue d'une obligation : par suite d'un *quasi-contrat*, d'un *délit* ou d'un *quasi-délit,* et enfin par l'effet de *la loi* considérée comme source d'obligation.

Nous avons toujours supposé que la femme s'était engagée valablement, c'est-à-dire qu'elle était autorisée, soit par son mari, soit par la justice ; nous n'avons pas envisagé l'hypothèse où la femme aurait seule contracté avec le créancier ; dans ce cas, la loi frappe de nullité son obligation. Les articles 217, 220, 221, 222, 224 du Code civil refusent, en effet, à la femme le droit de s'obliger par contrat.

Il en résulte en sens contraire que la femme peut se trouver obligée sans autorisation, soit en vertu de la loi, soit en vertu d'un quasi-contrat. Ces obligations n'ont pas leur source dans un fait volontaire de la femme, mais dans une disposition législative basée sur

des considérations d'ordre public ; on ne pourrait donc
invoquer, pour exonérer la femme, ni le respect de l'autorité maritale, ni le peu d'aptitude de celle-ci aux
affaires juridiques, puisque tous nous sommes liés par
ces obligations sans que notre volonté y joue un rôle
actif [1].

Si la femme est tenue d'une semblable obligation,
quel sera le droit des créanciers ? Nous n'aurons qu'à
appliquer à ces hypothèses les principes généraux de
l'article 2092. La femme, comme tout autre débiteur,
affecte tout son patrimoine au paiement de ses dettes.
Le créancier pourra donc poursuivre la nue propriété
des biens propres de la femme, qui seule est restée dans
son patrimoine. Quant aux revenus de ces mêmes biens,
ils tombent pendant la durée du mariage dans le patrimoine commun, et nous avons indiqué à plusieurs
reprises que les pouvoirs exorbitants du mari sur la
communauté s'opposaient à ce qu'aucun droit de poursuite fût exercé sur ces biens sans la volonté de ce
dernier. La femme ne peut donc affecter en principe les
biens communs au paiement de ses dettes, puisque,
pendant le mariage, ces biens sont considérés en
principe comme ne lui appartenant pas. Mais si tel est le
principe général, hâtons-nous de faire observer qu'en
pratique, les créanciers auront le plus souvent un droit
à exercer contre les biens communs, car il est bien rare,
vu la confusion d'intérêts qui existe entre les époux,
qu'un acte qui profite à la femme n'enrichisse pas en
même temps la communauté. Supposons, en effet, qu'un
tiers a fait une dépense dont le résultat a été de conserver un immeuble propre de la femme : il est hors de

---

(1) Nous n'insisterons pas sur la démonstration du principe énoncé au
texte, il ne saurait soulever aucune difficulté ; nous pouvons ajouter cependant que la théorie soutenue au texte est unanimement admise en
doctrine : DEMOLOMBE, t. IV, n° 176; AUBRY et RAU, t. V, p. 142, texte
et note 31; LAURENT, t. I, n° 100.

doute qu'on devra lui donner une action contre la communauté usufruitière de cet immeuble propre de la femme, et, par suite, contre les biens du mari, en vertu du principe que nous avons adopté dans notre système.

Nous parlons ici d'obligations dont la femme est tenue en vertu d'un quasi-contrat ; il faut se garder de faire une confusion à cet égard. Si l'on suppose que la femme a géré l'affaire d'autrui, et que, de ce chef, elle soit soumise à une poursuite de la part de celui dont elle a géré l'affaire, il est bien certain qu'elle ne pourra engager les biens communs ; car, dans ce cas, l'obligation a sa source dans un fait volontaire de la femme. Dans ce cas, la femme ne serait pas obligée par le quasi-contrat de gestion d'affaires : elle pourrait seulement être poursuivie par une action *de in rem verso,* jusqu'à concurrence de l'enrichissement qu'elle a réalisé [1]. Il faut supposer, pour que la femme soit valablement obligée sans l'autorisation de son mari, que ses affaires ont été utilement gérées par un tiers ; dans ce cas, nous donnerons à ce créancier gérant d'affaires une action sur les biens propres de la femme, afin d'obtenir le paiement de ce qui lui est dû [2].

Que décider relativement aux obligations de la femme qui ont leur source dans un délit ou un quasi-délit ?

Nous ne devons pas hésiter à donner la même solution, et déclarer que la femme sera tenue de ses délits et de ses quasi-délits. Sans doute l'obligation de la femme émane d'un fait volontaire de sa part ; mais il n'est pas possible que l'on puisse se retrancher derrière cette circonstance pour empêcher les créanciers de poursuivre le patrimoine de la femme ; l'intérêt public

---

(1) Cette théorie, admise par la presqu'unanimité des auteurs, a été cependant contestée par TOULLIER, t. XI, nᵒˢ 39 et 40; DURANTON, t. II, nᵒ 497, et LAROMBIÈRE, *Traité des Obligations*, t. V, art. 1374, nᵒ 9.

(2) *Contra* DURANTON, *loc. cit.*, et DELVINCOURT, t. I, p. 163.

exige que les délits et les quasi-délits soient réparés, et les victimes de ces actes auront le droit de poursuivre la nue propriété des biens immobiliers de la femme. La solution que nous indiquons peut se justifier par un argument d'analogie tiré de l'article 1310, qui déclare que le mineur ne sera pas restituable contre ses délits. Or, il est bien certain que la femme se trouve dans une situation moins digne d'intérêt que celle du mineur. Ce dernier, en effet, pourrait se retrancher derrière la faiblesse de l'âge et le défaut de son intelligence non encore développée ; la femme, au contraire, agit dans la plénitude de sa raison : elle doit donc être responsable de ses actes illicites.

Les poursuites des créanciers victimes d'un délit ne pourront s'exercer que sur la nue propriété des biens de la femme. L'article 1424 du Code civil en fait une règle absolue ; nous pouvons remarquer que les principes généraux auraient suffi pour nous conduire à ce résultat ; le texte nous semble donc, à cet égard, complètement inutile. D'un autre côté, il vient affirmer le droit des créanciers sur les biens propres de la femme, et, de ce chef, il fait disparaître toutes les objections qui auraient pu s'élever sur l'existence du droit des créanciers, objections tirées de cette idée que la femme mariée ne peut, d'une façon générale, s'obliger sans y avoir été autorisée par son mari ou par justice.

On peut encore ajouter que le texte a voulu indiquer la différence qui existe entre le droit des créanciers quand il s'agit d'un droit de poursuite contre le mari ou contre la femme, et il a voulu préciser, dans ce dernier cas, la limite de l'action des créanciers, afin que ceux-ci ne fussent pas tentés d'exercer les mêmes poursuites dans l'une et l'autre hypothèse.

SECONDE PARTIE

___

DES RÉGIMES OU IL N'Y A PAS DE COMMUNAUTÉ

Nous étudierons, sous cette rubrique, les droits des créanciers de la femme : 1° sous le régime exclusif de communauté proprement dite ; 2° sous le régime de séparation de biens, et 3° sous le régime dotal. Tous les trois présentent, en effet, cette particularité qui nous les fait étudier dans une même division : c'est qu'ils ne renferment aucune masse commune appartenant aux deux époux ; les patrimoines de chacun des conjoints sont entièrement séparés, et les intérêts relatifs à chacun d'eux sont nettement tranchés.

___

CHAPITRE PREMIER

DU RÉGIME EXCLUSIF DE COMMUNAUTÉ

Sous ce régime, les biens des époux cessent d'être confondus, du moins quant à la propriété, et chacun reste propriétaire du patrimoine qu'il possédait avant son mariage. Le mari est administrateur des biens de sa femme et il en a, à lui seul, la jouissance pleine et entière. Il doit, avec les revenus de ses biens propres et avec ceux de sa femme, pourvoir aux charges du ménage ; l'excédent des revenus lui appartient en propre, il n'en doit aucun compte à sa femme. Le patrimoine de la femme, durant le mariage, se trouve donc réduit à la nue propriété des biens meubles et immeubles qu'elle possédait avant son mariage.

Quel sera, sous ce régime, l'effet des obligations contractées par la femme ?

Le principe général posé par l'article 217 devra recevoir ici son application, et la femme ne pourra valablement s'engager sans y avoir été autorisée par son mari. Nous devons, en outre, nous demander quel sera, au regard des créanciers, l'effet d'une semblable autorisation, et quels biens elle affectera à leur droit de poursuite ?

Tous les auteurs sont d'accord pour repousser, dans cette hypothèse, l'application de l'article 1419. Ce texte, en effet, est un texte dérogatoire au droit commun, et il doit être restreint au seul régime de communauté. Nous restons donc sous l'empire de la règle générale : *Qui auctor est non se obligat,* dont nous n'avons qu'à faire l'application. Le mari, par son autorisation, se borne à lever l'incapacité dont sa femme est frappée par l'article 217 ; mais il ne s'engage pas lui-même, ni les biens qui font partie de son patrimoine : un texte formel serait nécessaire pour produire un semblable résultat [1].

Cette solution s'explique d'ailleurs parfaitement dans notre système ; nous ne nous trouvons plus ici en présence d'une masse commune, dont l'obligation puisse, par ricochet, rejaillir sur les biens du mari, et l'on comprend à merveille que son patrimoine ne soit pas engagé. Dans le système opposé, le résultat auquel nous aboutissons ne peut guère s'expliquer d'une façon logique, puisque ces auteurs admettent que le mari qui autorise sa femme s'oblige lui-même, et ces auteurs, s'ils étaient conséquents avec leur principe, devraient admettre que la femme oblige non seulement ses biens, mais encore ceux de son mari, au paiement des dettes qu'elle contracte valablement. Aucun d'eux n'a osé le faire ; une pareille solution eût été inadmissible et injustifiable, car l'article 5 du Code de commerce permet de repousser cette solution, grâce à un argument *à contrario* qui procède fort valablement, puisqu'il nous ramène aux principes généraux en matière d'autorisation. « La femme oblige son mari, s'il y a communauté entre eux. » D'où l'on conclut logiquement que, dans tous les autres cas, le mari n'est pas obligé par les engagements de sa femme.

Nous appliquerons donc ici les principes posés par l'article 2092, et nous dirons que la femme valablement autorisée par son mari ou par justice n'obligera que son propre patrimoine, c'est-à-dire la nue propriété de tous ses biens meubles et immeubles.

La solution ne présentera aucune difficulté dans la plupart des cas et devra être étendue non seulement aux dettes contractuelles, mais encore à celles qui grèvent les successions échues à la femme. Un point plus délicat et plus controversé est celui de savoir si la femme autorisée par son mari à faire le commerce ne l'engage pas par ses dettes. Le doute à cet égard vient de ce que certains auteurs ont admis que les bénéfices commerciaux réalisés par la femme tombaient dans le patrimoine du mari, d'où ils ont été amenés à conclure que le mari, participant aux bénéfices, devait être, par une juste réciprocité, tenu des dettes contractées par sa femme marchande publique. Nous ne pensons pas qu'on puisse adopter cette solution, dont nous avons par avance réfuté le point de départ. Les textes sont formels pour déclarer que la femme commune en biens, qui fait un commerce séparé de son mari, oblige ce dernier et ne l'oblige qu'en cas de communauté (Arg. art. 220 Code civil et 5 C. de com.). Si la femme oblige son mari quand il y a communauté entre eux, c'est parce que les bénéfices tombent dans la masse commune et que les deux époux y prennent part : il est juste que tous les deux soient tenus des dettes. Dans les autres cas, au contraire, on doit conclure que si le mari n'est pas tenu des engagements de sa femme, c'est parce qu'il ne prend aucune part aux bénéfices.

Nous n'avons pas à parler ici des obligations contractées par la femme, agissant comme mandataire de son mari : la solution est la même que sous le régime de la communauté; la règle posée par l'article 1420 n'est que l'application des principes généraux relatifs au mandat.

CHAPITRE II

En étudiant le régime de communauté, nous avons passé sous silence un événement qui apporte de très graves modifications à la capacité de la femme mariée; nous voulons parler de la séparation de biens judiciaire. La situation juridique créée à la femme par le jugement de séparation est la même, relativement au point qui nous occupe, que celle qui résulte de l'adoption par les futurs époux du régime de séparation des biens; toutes les explications relatives à ce régime pourront être transportées au régime de communauté, modifié par une séparation judiciaire.

Sous ce régime, les patrimoines sont absolument distincts, et chaque époux a l'administration et la jouissance de ses biens propres.

Il était donc nécessaire que la femme jouît d'une capacité plus grande que sous les régimes précédents, capacité qui lui était nécessaire pour administrer utilement son patrimoine.

Aussi la loi, dans l'article 1449, reconnaît à la femme le droit d'administrer seule et librement tous ses biens, de disposer de son mobilier et de l'aliéner, même sans l'autorisation de son mari.

Le texte est muet sur le seul point qui nous intéresse : le droit de la femme relativement aux obligations qu'elle contracte. Doit-on en conclure que la femme

ne peut s'obliger, ou bien lui accorderons-nous ce droit ?
Et, dans ce dernier cas, quels biens seront affectés aux
créanciers de la femme pour les remplir de leurs droits ?

Nous nous trouvons à cet égard en présence de trois
théories parfaitement distinctes. Des auteurs admettent
que la femme séparée de biens n'est plus incapable, en
tant qu'il s'agit pour elle de contracter des dettes qui
seraient exécutoires sur son mobilier et sur les revenus
de ses immeubles. D'autres reconnaissent que la femme,
même séparée, ne peut s'engager sans l'autorisation de
son mari ; mais ils ne reconnaissent dans ce cas aux
créanciers qu'un droit de poursuite sur les meubles et
sur les revenus des immeubles, sans distinguer d'ailleurs
quelle est la cause de la dette valablement contractée
par la femme. Enfin, dans une troisième théorie, on
déclare qu'une femme séparée, qui contracte dans les
limites de son droit d'administration, affecte en gage à
ses créanciers même les immeubles qui, cependant, ne
peuvent être aliénés sans l'autorisation du mari.

La première théorie, nous devons le remarquer, est
rejetée par la grande majorité des auteurs : elle s'appuie
sur la combinaison des articles 217 et suivants avec
l'article 1449 du Code civil. Pour ces auteurs, il ressort
du rapprochement de ces textes que le législateur a
voulu dans le dernier modifier les règles générales relatives à la capacité de la femme. Dans les articles 217 et
suivants, le législateur défend à une femme mariée de
contracter sans l'autorisation de son mari ; les articles
220 et 221 visent expressément cette prohibition, et les
autres textes la renferment d'une façon au moins im-
plicite. Dans l'article 1449, au contraire, le législateur
reconnaît formellement à la femme le droit de disposer
de son mobilier.

Ce pouvoir emporte avec soi le droit moins étendu de
l'affecter au paiement des obligations qu'elle contracte ;
on doit donc dire que la femme est pleinement capable

de contracter valablement sans l'autorisation de son mari, et qu'elle pourra affecter tous ses biens mobiliers et les revenus de ses immeubles au paiement des obligations ainsi contractées [1].

Nous n'aurons pas à insister longtemps pour démontrer la fausseté de cette doctrine. Elle part d'un point de vue erroné, car il n'est pas exact de dire que le droit d'aliéner des biens emporte nécessairement le pouvoir de les affecter au paiement de ses obligations ; le droit d'aliéner et le droit de contracter sont deux droits absolument distincts dans leur étendue, dans leur existence et dans leur exercice. Si, dans notre hypothèse, la femme acquiert le droit de disposer de son mobilier, c'est par suite de son droit d'administration ; mais rien n'implique qu'en dehors de ces limites la loi ait voulu conférer à la femme le droit de contracter seule toute espèce d'obligation. Le principe de l'incapacité de la femme est indépendant du régime sous lequel elle s'est placée, cette incapacité est inhérente à la qualité de femme mariée ; la seule lecture des articles 217 et suivants suffira pour nous convaincre de la vérité de cette observation. A cet égard, l'article 1449 n'apporte aucune dérogation à ces règles, et la femme, même séparée de biens, reste soumise aux principes de droit commun, c'est-à-dire qu'elle ne peut s'obliger sans l'autorisation de son mari, ou, à défaut, sans la permission du juge, si ce n'est dans les limites de ses biens et pour les besoins de l'administration de ses biens : telle est la seule dérogation de l'article 1449 à la capacité de la femme mariée.

Les deux théories qui vont suivre offrent un point commun, car elles sont d'accord pour reconnaitre que la femme ne peut s'obliger seule que dans les limites de son droit d'administration, et qu'elle doit avoir l'au-

---

(1) TAULIER, t. V, p. 138. Cassation, 13 mars 1813. SIREY 1814, 1, 160, et Cassation, 18 mai 1819. S. 1819, 1, 339,

torisation de son mari ou de justice pour contracter valablement un engagement à l'égard des tiers dans tous les autres cas. Le point où elles se séparent consiste dans l'étendue du droit de poursuite accordé aux créanciers.

Le second système admet que les créanciers pourront se faire payer sur les biens mobiliers et sur les revenus des immeubles ; mais ils ne pourront exercer aucun droit sur la nue propriété de ces mêmes immeubles, sauf dans le cas spécial où l'autorisation du mari sera intervenue. Le point principal de cette théorie consiste donc à distinguer entre les obligations qui ont été valablement contractées par la femme, avec l'autorisation du mari ou sans son autorisation. Ce n'est que dans le premier cas que les créanciers pourront poursuivre tous les biens de la femme.

Dans les différentes hypothèses où la femme contracte valablement, on fait purement et simplement l'application des principes généraux de l'article 2092. La femme qui s'oblige, soit avec l'autorisation de justice, soit seule, dans les limites de son droit d'administration, engage son patrimoine à l'acquittement de ses dettes, puisqu'elle peut en disposer d'une façon absolue en vertu de l'article 1449 ; elle peut de même conférer à ses créanciers les mêmes droits, quand l'obligation par elle souscrite réunit toutes les conditions nécessaires à sa validité. Mais dans tous les cas, on ne saurait lui permettre d'engager les biens que son mari peut seul l'autoriser à aliéner. Il y a, en effet, une corrélation absolue entre le droit d'obligation et le droit d'aliénation, et l'on ne peut admettre qu'une femme privée du droit de disposition puisse d'une façon indirecte aboutir à violer cette prohibition en conférant à ses créanciers un droit de vente qu'elle ne possède pas elle-même. Une pareille solution pourrait aboutir à des fraudes nombreuses, et elle serait la négation même de toutes les règles relatives à la nécessité de l'autorisation maritale, dans le paragraphe final de l'article 1449. Si, au contraire, le mari intervient à l'acte, il autorise par sa présence le droit de poursuite sur tous les biens de sa femme; il confère aux créanciers le droit de faire vendre ses biens de la même manière que s'il intervenait lui-même à l'acte d'aliénation (1).

Nous ne pensons pas qu'il soit possible d'admettre le point de départ de cette théorie; la distinction qu'elle établit entre le droit des créanciers sur les meubles et leur droit sur les immeubles ne nous paraît pas exacte. Le raisonnement employé par ces auteurs repose, à notre avis, sur une idée absolument fausse, que nous aurons, d'ailleurs, à réfuter plusieurs fois dans le cours de ce travail. Il est absolument inexact d'établir une corrélation quelconque entre le droit d'aliénation et le pouvoir que possède quelqu'un d'obliger son patrimoine aux obligations qu'il contracte. Sans doute, dans la plupart des cas, l'obligation souscrite par une personne sera exécutée sur des biens à l'égard desquels celle-ci a un pouvoir de disposition; mais il ne faudrait pas conclure de là que si cette personne n'avait pas le pouvoir d'aliénation, elle n'aurait pas pu valablement s'obliger sur ses biens. Il importe, sur ce point, de dégager les principes d'une façon très nette. Quand une personne s'oblige, elle oblige tout son patrimoine au paiement de ses dettes (article 2092), et dès lors que l'obligation est valable, il n'y a aucune bonne raison de soustraire un bien quelconque aux poursuites des créanciers, à moins de règles spéciales qui ne se rencontrent pas dans notre matière.

Des applications fréquentes de notre principe ont été faites par le législateur.

En vertu de l'article 457, le tuteur ne peut aliéner les

(1) RODIÈRE et PONT, III. 2193. DEMOLOMBE, IV, 161. AUBRY et RAU, 3ᵉ édition, § 516.

immeubles de son pupille sans l'autorisation du conseil de famille et l'homologation du tribunal ; néanmoins, tout le monde est d'accord pour reconnaître au tuteur le droit d'engager ces biens, par les obligations qu'il contracte, dans les limites de son droit d'administration.

La même solution doit être admise à l'égard du mineur émancipé ; ses obligations, valablement contractées, seront exécutoires sur tous ses biens meubles et immeubles.

Nous repoussons donc la seconde théorie, et nous adoptons sans réserve les principes établis par le troisième système.

Il y aura lieu de rechercher, en présence d'une obligation souscrite par la femme, si elle l'a été dans les limites de son droit d'administration ; il est bien certain que, dans cette mesure, on doit reconnaître à la femme le droit de contracter valablement. La loi, en donnant à la femme le droit d'administrer seule tous ses biens, a dû lui conférer les pouvoirs suffisants pour exercer son droit d'administration d'une façon utile ; or, il était nécessaire que la femme pût s'engager avec les tiers, car, sans ce droit reconnu à la femme, on ne peut concevoir une administration possible.

On pourrait objecter que notre solution est en contradiction avec les principes que nous avons adoptés relativement aux droits des créanciers sous le régime exclusif de communauté. Nous avons refusé aux créanciers toute action sur les revenus des biens de la femme, en nous fondant sur les règles générales relatives à l'autorisation du mari. Pourquoi admettre sous le régime de séparation que la femme pourra, sans l'autorisation du mari, conférer à ses créanciers un droit de poursuite sur la nue propriété de ses immeubles, puisqu'elle ne peut les aliéner sans le consentement de son mari ou la permission de justice ?

Cette objection nous semble sans portée, parce que

l'hypothèse n'est plus la même que sous le régime exclusif de communauté. Nous avons sous ce régime refusé aux créanciers le droit de poursuivre les revenus des biens de la femme, parce que ces revenus faisaient partie du patrimoine du mari, et que ce dernier ne pouvait se trouver engagé par suite de son autorisation ; ici, on ne peut pas dire que la nue propriété des immeubles de la femme fasse partie du patrimoine du mari. Cette nue propriété reste à la femme ; la seule limitation de son droit relativement à ces biens consiste en ce qu'elle ne peut les aliéner sans autorisation, mais il faut concilier cette règle avec le droit que possède la femme d'administrer librement tous ses biens. Pour que cette administration puisse s'exercer d'une façon utile, nous avons vu qu'il était nécessaire qu'elle pût engager même ses biens immobiliers au paiement des dettes contractées dans ce but ; il n'y a donc aucune contradiction entre la solution que nous avons donnée dans les deux hypothèses.

CHAPITRE III

DU RÉGIME DOTAL

Sous ce régime, les biens de la femme se divisent en deux catégories : les biens dotaux et les biens paraphernaux. La femme a l'administration et la jouissance de ces derniers ; elle exerce à leur égard les mêmes droits que sous le régime de séparation de biens. L'étude que nous avons faite relativement au droit des créanciers d'une femme séparée peut s'appliquer dans son ensemble au droit de poursuite conféré par une femme sur ses biens paraphernaux ; nous n'insisterons pas davantage sur ce point, qui n'offre d'ailleurs aucune difficulté.

Notre examen se bornera donc à rechercher quels sont les droits des créanciers de la femme sur les biens dotaux, et nous verrons bientôt que cette matière délicate soulève de nombreuses controverses entre les jurisconsultes.

Les biens dotaux, comme leur nom l'indique, sont ceux que la femme se constitue ou qui lui ont été donnés au contrat de mariage (article 1541). La femme conserve la nue propriété de ces biens, mais l'administration et la jouissance appartiennent au mari, à charge par lui de subvenir aux besoins du ménage ; quant à l'excédent des revenus, s'il existe, il appartient en propre au mari. Pour étudier d'une façon logique l'économie de la loi relativement au droit de poursuite des créanciers, nous nous placerons à différents points de vue, et nous examinerons succsesivement les nombreuses catégories de biens en présence desquels ils peuvent se trouver. Ce sont : 1° les immeubles dotaux considérés dans leur propriété; 2° les revenus de ces mêmes immeubles; 3° les meubles apportés en dot par la femme.

SECTION PREMIÈRE

DE L'EFFET DES OBLIGATIONS CONTRACTÉES PAR LA FEMME SUR SES IMMEUBLES DOTAUX

Les créanciers ne pourront poursuivre le paiement de leur créance sur le fonds dotal, qui, protégé par la loi, reste complètement soustrait à leur droit de gage. Nous nous trouvons donc en face d'une dérogation fort importante au principe général de l'article 2092, puisque nous voyons un bien appartenant à un débiteur valablement obligé, qui ne peut être l'objet d'aucune exécution de la part du créancier.

Le résultat est certain, et tous les auteurs sont d'accord pour refuser au créancier le droit de poursuivre les biens dotaux.

La défense faite à la femme d'obliger le fonds dotal au paiement de ses dettes n'est qu'une conséquence du principe de l'inaliénabilité établie par l'article 1554 : « Les immeubles constitués en dot ne peuvent être aliénés ou hypothéqués pendant le mariage, ni par le mari, ni par la femme, ni par les deux conjointement. » Or, il est bien évident que si l'on défend à la femme d'aliéner directement les biens dotaux, on ne peut lui permettre de violer par un détour cette prohibition, en affectant ces mêmes biens au paiement de ses obligations. Si la femme pouvait valablement conférer à ses créanciers un droit de poursuite sur les biens dotaux, ceux-ci, au jour de

11

l'échéance de la dette, feraient vendre ces biens pour se faire payer, et la règle de l'inaliénabilité de l'immeuble dotal serait une défense sans portée pratique.

L'inaliénabilité des biens dotaux est donc la base de la défense faite aux créanciers de poursuivre le fonds dotal. Sur ce point, tous les auteurs sont d'accord ; mais ils sont loin de s'entendre quand il s'agit de rechercher quels sont les motifs et quelle est la base juridique de cette restriction. Pourquoi, d'une façon générale, l'immeuble dotal est-il soustrait au droit de gage des créanciers de la femme ?

Nous nous trouvons en présence d'une vive controverse. Pour les uns, le bien dotal est inaliénable ou est soustrait au gage des créanciers parce qu'il a été placé par la loi hors du commerce de la femme : il est frappé d'une sorte d'indisponibilité réelle qui le soustrait à toute espèce de poursuite. D'autres auteurs, repoussant cette idée, cherchent à justifier ce résultat en disant que la femme dotale est frappée sous ce régime d'une incapacité spéciale, soit d'aliéner le fonds dotal, soit de l'affecter au paiement de ses obligations.

Nous devons examiner avec soin l'un et l'autre système, car nous aurons l'occasion de voir bientôt l'importance pratique considérable qu'ils présentent au point de vue qui nous occupe.

§ 1er. — *Système de l'indisponibilité.*

Les auteurs qui soutiennent la théorie de l'indisponibilité prétendent que le fonds dotal se trouve, pendant la durée du mariage, placé hors du commerce des époux. L'inaliénabilité qui le frappe serait dès lors la conséquence d'une *qualité réelle*, grâce à laquelle ce fonds serait soustrait au pouvoir de disposition de la femme, même autorisée par son mari.

Pour établir cette proposition, on s'appuie sur la tradition historique, sur les travaux préparatoires, et enfin sur les textes du Code civil. Passons rapidement en revue ces divers arguments.

I. *Tradition historique.* — Le législateur romain, dès l'époque de la République, s'est efforcé de sauvegarder le patrimoine des femmes, afin de leur permettre de conserver leur dot et de pouvoir facilement se remarier, au cas où leur première union aurait été dissoute par la mort de leur mari ou par le divorce. On voyait dans cette conservation de la dot une mesure d'ordre public qui importait au salut de l'Etat. *Reipublicæ interest mulieres dotes salvas habere* (Loi 2, D. XXIII, 3).

Or, si l'on veut se pénétrer du véritable sens de cette maxime, on verra aisément qu'elle ne consacre pas une mesure de protection à l'égard de la femme, mais bien une règle d'indisponibilité à l'égard du fonds dotal. Il suffit pour s'en convaincre de dégager l'idée principale qui ressort du texte lui-même ; ce que la loi veut sauvegarder, ce n'est pas l'intérêt de la femme, mais c'est l'immeuble dotal, la dot : Dotes *salvas habere.* Il est donc bien naturel d'en conclure que le résultat de ce principe a été non une règle d'incapacité, mais bien la mise hors du commerce qui frappait rigoureusement le fonds dotal.

Dans notre ancien droit français, la même idée se retrouve indiquée avec plus de netteté encore s'il est possible.

Recherchant quelle est la nature de la nullité qui frappera une aliénation, les anciens auteurs n'hésitent pas à déclarer que ce sera une nullité absolue. « L'aliénation est nulle de soi, et contre l'autorité publique (1). » Pour eux, l'inaliénabilité dotale est la conséquence directe de la loi Julia, qui défendait au mari d'aliéner le fonds dotal (Loi 4, *de Fundo dotali*). Or, cette disposition était basée sur cette maxime que nous avons citée, et elle avait pour but de défendre l'intérêt de l'Empire, en favorisant les seconds mariages et l'accroissement de la population.

Une tradition historique constante démontre donc avec évidence que nous sommes en présence d'une disposition basée sur l'ordre public, et non pas sur l'intérêt particulier de la femme, et dès lors ce n'est pas dans des règles de capacité relatives à la femme qu'il faut rechercher le motif de l'inaliénabilité, mais bien dans une disposition de la loi qui frappe les biens eux-mêmes, les soustrait à toute aliénation, et les place hors du commerce de la femme.

II. *Travaux préparatoires.* — Sur ce point, les travaux préparatoires viennent apporter un point d'appui sérieux à cette théorie. Les rédacteurs du Code, lors de la discussion de l'article 1560, se sont préoccupés du caractère de la nullité qui frappait un acte d'aliénation, et l'article 169 du projet renferme leur pensée à cet égard. « L'aliénation, dit ce texte, est radicalement nulle; elle disparaît tout entière. » L'acte est considéré comme s'il n'existait pas et ne peut être opposé à personne [1]. Sans doute, l'article 1560 n'est plus rédigé dans les mêmes termes, et les mots *radicalement nulle* ont disparu dans le texte définitif; mais rien ne peut être conclu, de cette suppression, contre l'idée des rédacteurs du Code.

Ce fut sur la demande du Tribunat qu'on adopta le texte de l'article 1566, et la raison alléguée par les orateurs du Tribunat était que les mots *radicalement nulle* n'ajoutaient absolument rien à la pensée de la loi [1]. La suppression de ces termes fut admise par le Conseil d'Etat; mais les principes restent les mêmes, et aucun doute ne saurait s'élever sur la pensée des rédacteurs du Code. Il n'est donc pas possible, en présence de documents si précis et si clairs, d'admettre que le principe

---

[1] « Ces mots n'ont paru rien ajouter à une nullité légale.... L'effet de la nullité est assez déterminé par la faculté de révoquer l'aliénation. » LOCRÉ, 2, XIII, p. 259.)

sur lequel nous discutons soit basé sur une idée de protection à l'égard de la femme; l'aliénation ne serait pas, dans ce cas, radicalement nulle; elle ne serait frappée que d'une nullité relative.

III. *Textes du Code.* — Si nous abordons maintenant l'examen des textes du Code civil, nous y trouverons la confirmation absolue de la doctrine traditionnelle en cette matière. L'article 1554 fournit à cette théorie un argument dont la portée n'est pas discutable : *Les immeubles constitués en dot ne peuvent être aliénés.* Cette formule ne prouve-t-elle pas que la règle n'est pas fondée sur une idée d'incapacité personnelle à la femme, mais qu'elle repose sur une qualité inhérente au fonds dotal ? Nous retrouvons cette formule répétée dans d'autres textes, notamment dans les articles 1557, 1558, et cette répétition nous montre que les rédacteurs du Code ont bien voulu exprimer le résultat qui ressort de l'ensemble des travaux préparatoires, c'est-à-dire consacrer le principe de l'indisponibilité basée sur une idée d'ordre public, et n'ont pas eu l'intention de créer une règle d'incapacité; autrement, les termes par eux employés y eussent certainement fait allusion.

On tire encore un argument de la combinaison des articles 1561 et 2256, relatifs à la prescription du fonds dotal. Il ressort de ces deux textes que la prescription peut courir du jour de la séparation de biens; or, il n'est pas possible d'expliquer cette solution dans la théorie de l'incapacité, car on ne peut admettre que la prescription commence à une époque où la femme est encore soumise aux rigueurs du régime dotal, que ne fait pas cesser la séparation de biens; il est impossible, en un mot, qu'une personne puisse confirmer tacitement un acte qu'elle serait incapable de consentir [1].

(1) M. MONGIN, *Revue critique*, 1886, p. 112,

§ II. — *Système de l'incapacité.*

Après avoir ainsi exposé les arguments invoqués par le premier système, nous allons mettre en regard les raisons données par les auteurs qui soutiennent que la règle de l'inaliénabilité et de l'insaisissabilité des biens notaux doit être expliquée par une incapacité spéciale à la femme.

Dans ce système, la femme est frappée d'une incapacité spéciale et ne peut aliéner ses immeubles dotaux, ni les affecter au paiement des dettes qu'elle contracte ; et cette incapacité présente ce caractère particulier que le consentement du mari à l'acte, ou son autorisation, n'a pas la puissance de la faire disparaître.

Dans ce système, comme dans le précédent, on invoque tour à tour l'autorité de la tradition, des travaux préparatoires et des textes du Code. En indiquant ces divers arguments, nous aurons soin de les comparer avec ceux du premier système, afin de faire ressortir, grâce à ce rapprochement, la portée réciproque des uns et des autres.

I. *Tradition historique.* — L'inaliénabilité dotale présente le caractère d'une incapacité personnelle prononcée contre la femme. A cet égard, il importe de rechercher avec soin quelle a été la véritable origine de cette défense d'aliéner faite à la femme dotale ; c'est un point que la première théorie laisse volontiers dans l'ombre, ou traite d'une façon inexacte.

Les auteurs, en effet, semblent attribuer à la loi Julia la défense faite à la femme d'aliéner le fonds dotal et *de l'hypothéquer*, même avec le consentement de son mari. Sur ce second point, nous devons reconnaître qu'ils trouvent un argument dans le texte des Institutes, qui nous présentent cette défense comme une des dispositions de la loi Julia [1]; mais cette allégation de Justinien est complètement inexacte et se trouve démentie par des textes formels. Paul et Gaius nous présentent la loi Julia comme ayant seulement défendu au mari d'aliéner le fonds dotal sans le consentement de sa femme. On doit d'autant plus repousser l'idée émise par Justinien, que c'est précisément le § 63 de Gaïus qui a donné naissance au texte des Institutes. La preuve d'une interpolation, due aux commissaires de Justinien, est donc évidente [2].

Il en est de même pour la défense d'aliéner le fonds dotal, même avec le concours des deux époux. Cette règle rigoureuse n'a pas sa source dans la loi Julia, qui n'avait pour but, nous le répétons, que de restreindre les pouvoirs du mari, mais permettait l'aliénation du fonds dotal avec le concours de la femme à l'acte de vente.

Quelle est donc la véritable source de notre règle d'inaliénabilité?

Nous pensons qu'elle doit être recherchée dans les principes du sénatus-consulte Velléien. Nous avons vu que l'intercession était défendue à la femme, non seulement dans ses rapports avec les tiers, mais même à l'égard de son mari, et sur ce point, la prohibition de la loi ne résultait pas du sénatus-consulte, elle lui était antérieure [3]. Lorsque les jurisconsultes romains se trouvèrent en présence des deux textes dont nous venons de parler, ils durent chercher à en concilier les dispositions, de manière à former un ensemble de législation présentant quelque harmonie. La loi Julia ne défendait pas au mari d'aliéner le fonds dotal avec le consentement de sa femme. Or, il est bien évident qu'il

(1) *Institutes*, II, 8, pr.
(2) GAIUS, II, § 63. PAUL, *Sent.* II, 21 B., § 2.
(3) Loi 2, pr. XVI, 1. Cette prohibition avait été établie par des édits d'Auguste et de Claude, auxquels le texte fait allusion.

était facile aux époux de tourner la prohibition Velléienne et d'échapper à ses rigueurs. La femme, en consentant à ce que son mari aliène le fonds dotal, arrivera
au même but qu'avec une *intercessio* proprement dite :
elle assurera à son mari le crédit qui lui fait défaut,
puisqu'elle lui permet, soit d'offrir en gage aux créanciers l'immeuble dotal, soit de recueillir directement le
prix de son aliénation. On comprendra facilement combien une semblable manière de procéder eût été contraire à l'esprit et au but du sénatus-consulte, disons
même plus, à sa lettre même ; car, en consentant une
hypothèque sur un bien qui devra plus tard rentrer
dans son patrimoine, la femme réalise une véritable
intercessio, puisqu'elle oblige son patrimoine à la dette
d'autrui [1].

Il est facile de se convaincre de la justesse de cette
idée, en remarquant que la femme aura, après la dissolution de son mariage, l'action en revendication pour
obtenir la révocation d'une vente consentie par son
mari en contravention de la loi Julia. Or, la présence de
la *rei vindicatio* n'est-elle pas la preuve évidente que la
femme possède un droit de propriété au moins condi-
tionnel sur sa dot, et que, dès lors, en consentant à ce
qu'elle soit aliénée ou hypothéquée, elle affecte son
patrimoine d'une obligation pour autrui. ?

---

(1) DEMANGEAT, *du Fonds dotal,* p. 270 et suiv. — Nous voyons que
dans ce système, le sénatus-consulte Velléien n'a pas complètement
disparu de notre législation, mais qu'il exerce encore une influence remarquable sur les règles de notre régime dotal. Nous refusons complètement de nous ranger à l'avis des auteurs qui regardent le Velléien
comme ayant complètement disparu pour faire place à la loi Julia, qui
seule aurait inspiré le principe d'inaliénabilité. Ce qui a entraîné l'erreur de ces jurisconsultes, c'est qu'ils parlent de la loi *Julia* telle que
nous l'a transmise Justinien. Or, nous l'avons montré, le *principium* du
titre 8 ne contient pas la loi *Julia,* et si nous ne craignions d'avancer
une opinion paradoxale du moins dans ses termes, nous dirions que le
texte des *Institutes* ne contient autre chose que les dispositions du
sénatus-consulte Velléien.

Il était donc nécessaire de modifier d'une façon profonde les principes de la loi Julia, pour les mettre en harmonie avec le système établi par le Velléien; et la défense faite au mari d'aliéner le fonds dotal et de l'hypothéquer, même avec le consentemeut de sa femme, n'est qu'une conséquence naturelle des principes qui découlent des édits d'Auguste et de Claude. C'est précisément cette réforme que nous trouvons réalisée par Justinien dans ses Institutes. De la loi Julia, il ne reste absolument rien, puisque cette loi défendait au mari d'aliéner le fonds dotal sans le consentement de sa femme. Désormais, le mari ne pourra l'aliéner, même avec l'autorisation de sa femme. En outre, il ne pourra l'hypothéquer; cette prohibition, on l'a déjà vu, ne résultait pas formellement du texte de la loi Julia, mais il est probable qu'elle n'en existait pas moins; car il n'est guère possible d'admettre que le mari ait eu le droit de conférer à ses créanciers un droit de gage, ou d'hypothéquer sur le fonds dotal sans le *consentement de la femme*. La véritable portée de l'innovation des Institutes consiste donc en ce que le consentement de la femme ne sera plus suffisant pour permettre au mari soit d'aliéner, soit d'hypothéquer, le fonds dotal.

Si telle est la base et l'origine de l'inaliénabilité dotale, l'argument historique du premier système tombe *ipso facto*. Le but du législateur apparaît évident. C'est un but de protection qu'il cherche à atteindre à l'égard de la femme. Il redoute sa faiblesse et son inexpérience, et, surtout, il veut la mettre en garde contre les sollicitations de son mari, afin de la soustraire à son influence dominatrice.

Cette idée ressort clairement de tous les textes qui se réfèrent à notre sujet. Les Institutes donnent, de la règle établie par Justinien, le motif suivant : « *Ne sexus muliebris fragilitas in perniciem substantiæ eorum con-*

verteretur. » Nous pourrions multiplier les citations [1], mais cette idée apparaît trop évidemment pour qu'il soit nécessaire d'insister davantage.

Quant à la maxime : *Reipublicæ interest...* nous pensons qu'on l'emploie d'une façon abusive.

En effet, au moment où la maxime se trouve invoquée pour la première fois, lors de la promulgation de la loi Julia, elle ne pouvait impliquer, comme le prétendent les auteurs du premier système, une idée de mise hors du commerce, puisque sous l'empire de cette législation la femme, en consentant à l'aliénation du fonds dotal, pouvait valider la vente faite par son mari. Il n'y a donc aucun argument à déduire de cette circonstance que la maxime formulée plus haut était admise par les auteurs de la loi Julia.

Cette même raison, il est vrai, se retrouve sous Justinien et semble bien indiquer que lui aussi a voulu se référer à une idée de mise du fonds dotal hors du commerce, puisqu'il en prohibe l'aliénation, même avec le consentement de la femme.

On peut facilement répondre à cette argumentation. L'empereur Justinien, quand il a invoqué la maxime : *Reipublicæ interest....* n'a certainement pas eu en vue d'appliquer les mêmes principes que ceux établis par la loi Julia. Il était, en effet, complètement opposé au but que cette disposition législative se propose d'atteindre. Auguste voulait, en effet, favoriser les seconds mariages : *Propter quas nubere possint.* Or, Justinien, empereur chrétien, les voyait avec la plus grande défaveur, et les avait même frappés de pénalités. Justinien, en citant cette maxime, s'est donc servi d'une

---

(1) Voy. L. 2, § 2 et 3, D. *ad Sct. Vell.*, XVI, 1. L. 1, Code, § 15, *de Rei uxoriæ,* V, 13. Novelle 61. chap i, § 2. Dans ces textes du Code et des Novelles, on trouve reproduite la raison que nous venons de donner ; or, c'est précisément dans ces dispositions que nos anciens auteurs ont puisé les principes de notre régime dotal.

formule ancienne qu'il a employée à un usage nouveau, et la preuve nous en est fournie par le texte même qui renferme l'innovation réalisée par lui, texte dans lequel il invoque formellement l'idée de protection pour la faiblesse de la femme.

Nos anciens auteurs ne sont pas moins explicites pour reconnaître que tel est bien le motif de l'inaliénabilité dotale ; et comment aurait-il pu ne pas en être ainsi, puisqu'ils puisaient dans les textes du Code et des Institutes les motifs de leur décision [1].

II. *Travaux préparatoires.* — Nous avons signalé plus haut des paroles prononcées par des orateurs du Tribunat qui, tenant l'aliénation pour *radicalement nulle*, semblaient amener l'interprète à conclure que nous n'étions pas en présence d'une règle de capacité. A ces passages des travaux préparatoires, nous pouvons en opposer facilement d'autres qui nous permettront d'aboutir à une solution diamétralement opposée. Bertier nous déclare que cette disposition du droit romain *vient du désir de protéger la femme* [2]. Le tribun Siméon indique également la même idée [3].

Nous ne pensons pas, d'ailleurs, qu'il soit possible de puiser un argument sérieux sur ce point dans les travaux préparatoires, car la contradiction qui se trouve dans les termes employés par les rédacteurs du Code indique assez que leur attention n'a pas été appelée sur ce point spécial, et il serait tout au moins téméraire d'attribuer aux termes par eux employés une portée plus considérable que celle qu'ils avaient dans la bouche de leurs auteurs.

III. *Textes du Code.* — On invoque dans ce système le texte des articles 1560, 1558-4°, et l'article 1391 du Code civil modifié par la loi du 10 juillet 1850.

---

(1) Voir D'OLIVE et ROUSSILHE, cités par M. Deloynes, *loc. cit.,* p. 550 et 551.

(2) LOCRÉ, XIII, p· 294, n° 35,

(3) LOCRÉ, p. 471, n° 47.

L'article 1560 énumère les personnes qui peuvent intenter une action en nullité, au cas où le fonds dotal aurait été aliéné malgré la prohibition de la loi. Il est de principe, quand on est en présence d'une nullité absolue, que tous les intéressés puissent se prévaloir de celle-ci; comment concevoir, dès lors, l'énumération limitative contenue dans l'article 1560, dans le système où le bien dotal serait hors du commerce ? L'aliénation dans ce cas est radicalement nulle, et toute personne intéressée peut l'invoquer ; il n'est donc pas possible de justifier ce texte, qui, au contraire, s'explique à merveille si l'on admet que l'inaliénabilité repose sur un motif de protection, et n'est que la conséquence d'une incapacité particulière dont est frappée la femme dotale.

Un argument analogue résulte des termes de l'article 1558-4°. On suppose que l'immeuble dotal peut être poursuivi par des créanciers antérieurs au mariage, et pour éviter cette vente forcée, qui pourrait être préjudiciable aux intérêts de la femme, on lui permet d'aliéner l'immeuble dotal.

Une semblable solution est incompréhensible, si l'on admet que l'immeuble dotal est mis hors du commerce ; dans ce cas, en effet, le bien ne pourra être vendu par personne, et on ne s'explique pas la distinction faite, au texte, entre les créanciers antérieurs au mariage et ceux dont les droits ont pris naissance pendant sa durée. Dans la théorie de l'incapacité, la solution de l'article 1558 n'est que l'application des principes généraux. La femme, avant son mariage, était capable de s'engager envers les tiers, et son patrimoine entier répondait du paiement de ses obligations ; l'incapacité qui la frappe par son mariage ne saurait apporter aucune restriction au droit de gage des créanciers antérieurs, et l'on comprend que la loi ait distingué à cet égard deux catégories de créanciers.

Enfin, l'article 1391 vient apporter à cette théorie un

argument qui semble sans réplique. On décide que la
femme qui a faussement déclaré s'être mariée sans contrat, bien qu'elle fût soumise au régime dotal, sera
réputée capable de *contracter dans les termes du droit
commun*. C'est donc la preuve que sous le régime dotal,
la femme n'est pas capable de contracter dans les termes
du droit commun, et qu'elle est précisément frappée
d'une incapacité spéciale, incapacité qu'il est impossible de justifier dans le système de l'indisponibilité,
et dont la théorie que nous exposons peut seule rendre
compte.

§ III. — *Conséquences des deux systèmes au point de vue du
droit de poursuite des créanciers de la femme.*

Après avoir exposé les arguments sur lesquels s'appuient l'un et l'autre système, il nous reste à examiner
en quelques mots les conséquences pratiques qui en
découlent relativement au droit de poursuite des créanciers de la femme.

I. *Droit des créanciers après le mariage.* — Dans le
système de l'indisponibilité, la solution n'est pas douteuse : les créanciers pourront poursuivre les biens de
la femme après la dissolution du mariage. Cette conséquence découle logiquement des principes posés par ces
auteurs et s'impose à eux d'une façon inévitable.

Pour les auteurs qui voient dans l'insaisissabilité des
biens dotaux une règle d'incapacité spéciale, il n'en est
plus de même ; l'engagement de la femme s'est trouvé
vicié dès son principe : la femme était incapable de conférer aucun droit de gage à ses créanciers ; ceux-ci n'ont
donc pu acquérir un droit de poursuite sur les immeubles dotaux, et la circonstance que le mariage est dissous
ne peut couvrir le vice dont est atteint leur droit de
créance ; nul il était pendant le mariage, nul il reste
après sa dissolution.

Cette conséquence, on le remarquera sans peine, s'harmonise parfaitement avec l'esprit du législateur ; on veut protéger le patrimoine de la femme, conserver à ses enfants une dernière ressource qui ne pourra jamais leur faire défaut. Or, qui ne voit que la solution du premier système irait complètement à l'encontre de ce but ? Si l'on permet au créancier de poursuivre le fonds dotal après la dissolution du mariage, les enfants, que la loi a voulu surtout protéger, vont se trouver privés du patrimoine auquel ils pouvaient sûrement prétendre [1].

Cette considération nous semble être l'argument le plus décisif en faveur de la théorie de l'incapacité. Il n'est pas possible d'admettre que les créanciers pourront, après le mariage, poursuivre les biens dotaux ; car ce serait aboutir à la destruction complète des garanties apportées par la loi à la conservation de la dot. Pourquoi l'avoir protégée avec un soin si jaloux pendant le mariage, s'il est permis au créancier d'attendre quelques années seulement pour se faire payer d'une façon intégrale de sa créance, contractée cependant au mépris des prohibitions légales ? Pourquoi lui conférer ce droit au moment où il aura à l'exercer non plus contre celle qui s'est engagée envers lui, et est en quelque sorte responsable de son obligation, mais contre les enfants de cette femme, qui sont restés étrangers à l'engagement et dont la loi avait voulu protéger le patrimoine contre toute atteinte ? Cette conséquence qui s'impose à l'autre système nous fait un devoir de le rejeter dans son ensemble [2].

II. *Droit d'un créancier résultant d'un délit, d'un quasi-délit ou d'un quasi-contrat.* — Dans le système de l'incapacité, la solution ne fait aucun doute. La femme est

---

(1) TROPLONG, t. IV, n° 3312.
(2) Nous verrons plus loin comme on a cherché à échapper à cette fâcheuse déduction.

incapable de s'obliger par un fait volontaire; mais, toutes les fois que l'engagement résultera d'un fait où sa volonté n'aura pas pris part, ou bien sera le résultat d'un fait délictueux, on ne devra pas hésiter à permettre au créancier de poursuivre tous les biens de la femme.

Pour les auteurs qui fondent le principe de la dotalité sur une idée de mise hors du commerce des biens de la femme, il semble qu'il n'y ait pas lieu de distinguer quelle est la source de l'obligation de la femme; celle-ci doit, dans tous les cas, être protégée contre les poursuites des créanciers qui voudraient se faire payer sur ses biens dotaux.

Examinons en quelques lignes les diverses hypothèses qui peuvent se présenter dans la pratique.

1° Obligations nées de la loi ou d'un quasi-contrat : Nous avons établi que le principe de l'inaliénabilité reposait sur une idée de protection de la femme contre sa faiblesse naturelle et les abus d'influence auxquels elle est exposée. Or, dans le cas qui nous occupe, aucun danger semblable n'est à redouter, puisque l'obligation de la femme prend naissance sans aucun fait volontaire de sa part. Ici nous ne retrouvons plus les raisons qui ont donné naissance à l'incapacité spéciale de la femme; nous devons donc en conclure que, les motifs de la dérogation aux règles générales du droit cessant d'exister, nous retombons sous l'empire du droit commun, et que l'article 2092 du Code civil doit être appliqué dans toute sa portée.

Il y aura lieu d'en décider ainsi au cas où la femme deviendrait tutrice de son mari frappé d'interdiction (article 507). Les immeubles de la femme seront frappés de l'hypothèque légale, garantie de cette tutelle (1).

Il en serait de même au cas où un tiers se serait porté gérant d'affaire à l'égard des biens dotaux. Enfin, la

_____

(1) DELOYNES, loc. cit.

jurisprudence a fait l'application de notre principe au paiement de la contribution foncière due pour des immeubles dotaux [1].

Ces solutions, nous avons à peine besoin de le dire, sont vivement contestées par les auteurs qui admettent le principe de l'indisponibilité [2]. Pour eux, il n'y a pas à distinguer quelle est la source de l'obligation : la femme n'est pas frappée d'une incapacité spéciale ; ce sont les biens eux-mêmes qui sont mis hors du commerce, d'une façon générale et à l'égard de tous.

Nous ne ferons qu'une seule objection à ces auteurs : Comment se fait-il qu'on reconnaisse aux créanciers antérieurs au mariage le droit de poursuivre les biens dotaux, malgré le principe de l'inaliénabilité. N'est-ce pas la preuve que cette exclusion de tout droit de poursuite n'est pas absolue, et qu'il est des cas où elle fléchit devant un intérêt supérieur? N'est-ce pas la démonstration évidente que le principe sur lequel s'appuient ces auteurs ne peut expliquer les dispositions du Code à cet égard?

Les auteurs qui partent de cette idée sont, en effet, conduits aux solutions les plus bizarres en apparence. MM. Aubry et Rau sont d'un avis contraire au nôtre, quand il s'agit d'obligations nées, soit d'une tutelle, soit d'un quasi-contrat de gestion d'affaires ; mais, abandonnant leur principe, ils admettent avec nous que le paiement de la contribution foncière due par la femme pourra s'exécuter sur l'immeuble dotal [3]. Il nous est impossible de trouver une raison sérieuse à cette distinction, et nous ne pouvons comprendre ni adopter les subtilités du raisonnement qu'ils invoquent pour justifier leur manière de voir.

(1) Limoges, 28 mai 1863. SIREY 1863, 2, p. 140.
(2) AUBRY et RAU, V, § 538.
(3) AUBRY et RAU, § 538, notes 31 et 33.

2° Obligations nées d'un délit ou d'un quasi-délit : Sur ce point, les deux théories sont d'accord pour reconnaître aux créanciers victimes d'un délit ou d'un quasi-délit commis par la femme le droit d'exécuter même les immeubles constitués en dot.

Pour justifier cette solution, les auteurs dont nous combattons le système sont obligés de recourir à des considérations tirées de l'ordre public. Il importe, disent-ils, que les délits ne restent pas impunis, et « la loi qui déciderait contre cette notion sacrée serait absurde. Or, on ne peut prêter au législateur une absurdité [1]. » Une pareille raison a lieu de nous surprendre dans la bouche de ces auteurs. C'est sur une idée d'intérêt social, sur une idée d'ordre public, qu'ils se sont appuyés pour défendre l'aliénation directe ou indirecte du fonds dotal. Or, si l'intérêt public est engagé dans les deux cas, pourquoi traiter une hypothèse plus favorablement que l'autre? L'ordre social exige la conservation de la dot; l'intérêt public réclame la punition des délits et la réparation du préjudice causé à autrui; quelle raison invoquera-t-on pour faire triompher l'un de ces deux intérêts? On est donc obligé d'admettre des degrés dans l'ordre public, et, pour nous, il nous semble qu'une semblable manière de raisonner est la négation même de l'ordre public. Etablir des degrés dans l'ordre public, c'est le dégrader.

Dans la théorie de l'incapacité, on n'éprouve pas un semblable embarras pour justifier la solution. Nous n'avons qu'à faire, à cette hypothèse, l'application des principes généraux. La règle d'inaliénabilité ne protège les biens dotaux que contre les actes d'obligation qui émanent d'un fait volontaire de sa part, car la loi a voulu la mettre en garde contre elle-même et contre les sollicitations de son mari; mais là se borne la protec-

[1] TROPLONG, IV, n° 3324.

tion de la loi : si nous nous trouvons en face d'actes où
la volonté de la femme n'a pas pris part, ou bien en
présence de faits illicites qui ont causé un préjudice à
autrui, les règles du droit commun reprennent leur
empire, et l'on ne peut, dans ce cas, invoquer aucune
idée de protection pour permettre à la femme d'é-
chapper aux conséquences de ses délits. La faveur de la
loi à l'égard de la femme ne saurait se comprendre dans
une semblable hypothèse, car elle s'en est rendue indigne, et elle doit, avant tout, réparer le préjudice causé
à autrui.

Nous avons dit que nous n'avions qu'à appliquer ici
les principes du droit commun. Nous les trouvons exposés dans l'article 1310 du Code civil : « Le mineur
n'est point restituable contre les obligations résultant
de son délit ou quasi-délit. » On se trouve en présence
d'un incapable qui mérite, par son jeune âge, la protection de la loi, et cependant le législateur lui refuse sa
faveur quand il s'en rend indigne en commettant un
délit ou un quasi-délit. Nous n'avons qu'à appliquer ici les
principes posés dans ce texte, et à déclarer que la femme
oblige, par ses délits, tous ses biens, y compris ses immeubles dotaux.

APPENDICE

Nous avons signalé, au cours de la discussion qui
précède, les efforts faits par quelques auteurs pour
échapper aux conséquences qui résultent du principe de
l'indisponibilité des immeubles dotaux, conséquences
qui aboutissent logiquement à permettre aux créanciers
de poursuivre les immeubles dotaux après le mariage.

Un semblable résultat, nous l'av(ns montré, est la né
gation complète des principes du régime dotal, et le
système qui le consacre semble devoir être rejeté sans
aucun autre examen.

Un savant professeur de la faculté de Dijon a cherché
à éviter ce reproche en créant un système nouveau. On
adopte en principe la théorie de l'indisponibilité réelle
du fonds dotal, mais on la justifie d'une tout autre manière que précédemment [1].

Pour M. Mongin, si l'immeuble dotal est inaliénable,
ce n'est pas parce qu'il est placé hors du commerce,
mais parce que le droit de disposition a été retiré du patrimoine de la femme; celle-ci n'a plus, dans sa fortune
pendant le mariage, qu'une propriété démembrée privée
d'une de ses prérogatives ordinaires, le droit de disposition.

Nous n'entrerons pas dans l'examen détaillé des arguments présentés par l'auteur pour appuyer sa théorie. Il
invoque la tradition romaine et se refuse à reconnaître
l'influence du sénatus-consulte Velléien sur le principe
de l'inaliénabilité dotale. Nous l'avons montré : l'influence
du Velléien sur l'ensemble de notre législation dotale
ressort avec la plus grande évidence. La loi Julia ne
saurait justifier, à elle seule, la prohibition de la loi,
puisqu'elle permettait à la femme de consentir à l'aliénation de son fonds dotal. Il en est de même de la
défense d'hypothéquer; c'est par suite d'une grossière
erreur que Justinien la fait découler du texte de la loi
Julia, et il nous semble impossible de l'expliquer sans
faire intervenir le secours du Velléien.

Nous voulons bien concéder que c'est dans la loi Julia
que se trouve le principe de toute notre législation en
cette matière, mais dans la loi Julia telle qu'elle nous a
été présentée par Justinien, c'est-à-dire modifiée par les

[1] M. MONGIN, *Revue critique*, 1886, p. 92 et suiv., 170 et suiv.

principes nouveaux qui l'avaient complètement trans-
formée, et qui avaient étendu à la femme elle-même la
défense faite, à l'origine, au mari seul. Or, ces principes
ne sont autres que ceux qui résultaient soit des Edits de
Claude et d'Auguste, soit de la prohibition Velléienne.

Nous ne reprendrons pas les arguments de texte invoqués par M. Mongin ; ils sont les mêmes que ceux que
nous avons exposés plus haut. Nous nous bornerons à
signaler la réponse faite à l'argument que nous avons
tiré de l'article 1391 : « Les travaux préparatoires, dit-on,
» n'indiquent nulle part le désir de trancher la contro-
» verse que nous examinons ; ils ne font même aucune
» allusion à cette discussion ; il est donc impossible de
» prétendre que le législateur ait voulu faire une loi
» interprétative. Comment croire que le rapport dû à la
» science de M. Valette aurait négligé de s'expliquer sur
» un point aussi grave ? Le législateur de 1850 a employé
» les mots *être capables* dans un sens vague, comme
» synonymes *de avoir le droit.* » On ne peut donc tirer
aucun argument des termes de notre article.

Nous comprendrions fort bien l'argument si l'on se
trouvait dans une toute autre hypothèse. Supposons, en
effet, que les rédacteurs de la loi de 1850, au lieu de
garder le silence sur notre discussion, aient formellement manifesté leur opinion, mais que, par suite d'une
erreur de rédaction ou d'un oubli du rapporteur, les
termes employés soient opposés à l'idée qui semblait
résulter des travaux préliminaires : dans ce cas, certainement nous n'hésiterions pas à admettre une correc-
tion et à faire prévaloir l'esprit de la loi sur la lettre du
texte. Ici, au contraire, les travaux préparatoires sont
muets ; que doit-on en conclure ? C'est qu'il faut prendre
à la lettre la disposition du texte qui renferme évidemment la pensée de ceux qui l'ont écrite ; et il est d'autant
plus difficile d'adopter une autre méthode que le texte
est l'œuvre d'un jurisconsulte tel que M. Valette : nous

pensons professer pour sa science un plus grand respect en prenant pour telles les expressions par lui employées, qu'en supposant qu'il ait pu commettre une inexactitude.

Le système créé par M. Mongin offre à ses yeux un avantage immense sur le système de l'indisponibilité justifiée par une idée de mise hors du commerce du fonds dotal, en ce qu'il permet à la femme d'échapper aux poursuites des créanciers sur le bien dotal, même après le mariage, conséquence repoussée par le système que nous avons combattu.

Voici comment raisonne M. Mongin : « L'obstacle qui s'oppose aux poursuites des créanciers ne résulte pas seulement, comme on le soutient, du caractère insaisissable de la dot ; il se trouve aussi dans l'engagement même du fonds dotal, qui est frappé de nullité. La femme, au moment où elle s'est obligée, n'avait aucun droit d'aliénation sur l'immeuble dotal (puisque ce droit a été momentanément retiré de son patrimoine) ; elle n'a donc pu constituer sur cet immeuble le gage général de l'article 2092 ; elle n'a pas pu céder à ses créanciers un droit de disposition qu'elle ne possédait pas... (La dot) n'ayant pas été comprise dans le gage qui leur a été attribuée, elle ne peut pas y entrer par le seul écoulement d'un laps de temps; il faudra, pour que la saisie devienne possible, un nouvel engagement contracté à une époque où la femme aura repris son droit de disposition. »

Pour compléter son argumentation, l'auteur s'efforce de démontrer que son système seul est capable de protéger les biens dotaux après le mariage, et que la théorie de l'incapacité elle-même aboutit, par une conséquence logique et nécessaire, à permettre aux créanciers de saisir les immeubles dotaux, même durant le mariage.

Avant de développer ce nouvel argument, examinons tout-d'abord la valeur du premier. Si nous l'avons bien

comprise, l'argumentation de M. Mongin se ramène à
établir une corrélation intime entre le pouvoir d'aliéner
et le droit de constituer un gage sur un bien quelconque.
Cette idée est absolument inexacte, et nous l'avons déjà
montré plusieurs fois dans le cours de cette étude : il
existe des cas où une personne ne possède pas le droit
d'aliéner, et affecte cependant valablement les biens dont
elle ne peut disposer au paiement de ses obligations.

La femme séparée de biens, quand elle contracte dans
la limite de son droit d'administration, engage valablement ses propres immeubles au paiement de ses obligations, et cependant elle ne peut les aliéner sans le consentement de son mari.

Le tuteur qui administre les biens de son pupille peut
conférer aux créanciers le droit de poursuivre même les
immeubles de ce dernier, s'il a contracté un engagement
utile à l'administration que lui conférait la tutelle.

M. Mongin, lui-même, reconnaît que cette solution est
fort logique, et il cite le droit que possède un débiteur
d'engager ses biens à venir au paiement de ses obligations.

Pour échapper à l'objection, on cherche à établir
qu'un certain pouvoir de disposition est nécessaire au
moment même de la formation de l'obligation, pour que
l'engagement d'un bien soit valable; car pour conférer
aux créanciers les droits qui résultent de l'article 2092,
droits qui constituent les prérogatives même du droit de
propriété, il faut posséder un pouvoir de disposition. Ne
fait-on pas une aliénation en conférant à une personne,
même à titre éventuel, le droit de vendre un bien ?

Nous voulons bien concéder à M. Mongin, pour les
besoins de la discussion, qu'il est nécessaire au débiteur
de posséder un certain droit d'aliénation pour obliger
valablement un bien; mais nous lui demandons en
retour de nous expliquer comment il justifiera la différence qu'il établit entre notre pouvoir sur un bien à

venir, et les pouvoirs de la femme sur les biens dotaux.

Examinons, en effet, les deux situations. La femme possède un immeuble avant son mariage; elle adopte le régime dotal; dès lors, le droit de disposition qu'elle possédait sur ce fonds sera momentanément retiré de son patrimoine; puis, à la dissolution du mariage, ce pouvoir lui sera rendu. Tel est, réduit à sa plus simple expression, le mécanisme du régime dotal : la femme a possédé le pouvoir d'aliénation, l'a perdu momentanément et le recouvrera plus tard.

Quant au débiteur qui oblige un bien à venir par les engagements qu'il contracte, il se trouve dans la même situation que la femme, avec cette différence cependant qu'il n'a jamais eu sur les biens dont il s'agit aucun pouvoir de disposition, et que, par conséquent, il n'a pas pu perdre ce droit; mais il pourra éventuellement l'acquérir.

Dans cette situation, comment est-il possible de soutenir que la femme possède à l'égard du bien dotal un pouvoir de disposition moins réel et moins efficace que celui qui nous appartient de droit commun à l'égard d'un bien à venir, c'est-à-dire d'un bien qui n'a jamais fait partie de notre patrimoine, et qui n'est appelé à devenir nôtre que d'une façon éventuelle ?

Nous sommes donc autorisé à opposer à M. Mongin le dilemme suivant : ou bien la défense faite à la femme d'engager ses biens dotaux au paiement de ses obligations repose sur une idée d'incapacité spéciale, et alors votre système est inexact; ou bien il repose sur cette idée, que le droit de disposition est retiré du patrimoine de la femme : alors, nous venons de l'établir, il est absolument impossible de refuser aux créanciers le droit de poursuivre les biens de la femme après la dissolution du mariage ; la conséquence inadmissible que ce système voulait éviter s'impose donc nécessairement, et vient détruire tout l'échafaudage de ses arguments.

Nous en aurions fini avec l'examen de cette théorie, si elle n'opposait pas aux partisans du système de l'incapacité le même reproche que nous lui avons adressé, en déclarant qu'ils ne peuvent pas justifier la règle en vertu de laquelle ils défendent aux créanciers le droit de poursuivre les biens dotaux après le mariage ; et, bien plus, on prétend dans cette théorie que le principe de l'incapacité ne justifie même pas le refus opposé au droit des créanciers pendant la durée du mariage.

« Dans notre droit, dit M. Mongin, lorsqu'une personne est simplement incapable d'aliéner certains biens, elle n'engage pas moins ces biens en contractant des obligations valables ; tout son patrimoine, en effet, sert de gage à ses créanciers ; et comme le droit d'aliéner y reste compris ; que les créanciers, en outre, ne sont frappés d'aucune incapacité personnelle semblable à celle de leur débiteur, rien ne s'oppose à ce qu'ils effectuent la saisie.... Pour les écarter, il faudrait soutenir que leur titre est nul, que la femme dotale n'est pas capable de contracter une obligation ; or, personne n'ose plus maintenant défendre cette idée.... On doit reconnaître que les créanciers sont investis du droit de saisir la dot, même pendant la durée du mariage. »

Nous ferons à cette objection la même réponse que précédemment, car elle repose sur la même idée inexacte que nous avons déjà eu l'occasion de signaler. Il ne résulte pas, nous dit-on, de ce qu'une personne est simplement incapable d'aliéner, qu'elle ne puisse engager valablement ses biens au paiement de ses obligations. Nous n'avons jamais contesté cette proposition, que nous avons au contraire cherché à établir dans le cours de notre étude. Il n'y a pour nous aucun rapport nécessaire entre le droit d'aliénation et le droit d'obligation à l'égard d'un bien ; aussi serions-nous, comme les auteurs qui fondent l'insaisissabilité des biens dotaux sur la seule idée de mise de ces biens hors du commerce, fort

embarrassés pour justifier la défense faite aux créanciers
de poursuivre les biens dotaux ; mais nous nous sommes
appuyés sur des considérations toutes différentes. Pour
nous, la femme qui s'oblige sous le régime dotal est
frappée d'une incapacité spéciale, son engagement est
vicié en lui-même ; dès lors, rien d'étonnant à ce que
nous lui refusions les effets ordinaires attachés à une
obligation. La femme est incapable d'affecter son immeuble dotal en paiement de ses obligations, cette incapacité est absolue dans ses effets et doit frapper de
nullité les poursuites des créanciers, quelle que soit
l'époque à laquelle ils exercent leur action. Nous
n'avons donc pas à rechercher si une obligation valable
doit être exécutée sur le patrimoine entier de la femme ;
il nous suffit de constater que la loi a formellement
rendu celle-ci incapable d'affecter son immeuble dotal
au paiement de ses obligations. L'objection qui nous est
faite par M. Mongin est donc sans portée dans le système
que nous avons adopté pour justifier la défense faite à
la femme d'affecter ses biens dotaux à l'acquittement
des dettes qu'elle contracte pendant son mariage.

SECTION II

DROIT DES CRÉANCIERS DE LA FEMME SUR LES REVENUS DU FONDS DOTAL.

Lorsqu'on se demande quel est le droit des créanciers
sur les revenus des immeubles dotaux, il faut avoir soin
d'éviter une confusion qui pourrait se produire facilement. Nous avons indiqué au commencement de ce chapitre que le mari avait, pendant le mariage, l'administra-
tration et la jouissance des biens dotaux, qui, à son
égard, se trouvaient dans la même situation que sous le

régime exclusif de communauté. Or, il est bien évident que pendant la durée de cette jouissance, la femme ne pourra affecter ces revenus au paiement de ses dettes, puisqu'ils ne lui appartiennent pas.

Pour que la question puisse se poser, il faut donc que le mari ait perdu cette jouissance par un événement quelconque, la séparation de biens ou la dissolution du mariage ; c'est alors que nous pensons nous demander quel sera le droit d'un créancier sur ces biens qui, maintenant, font partie du patrimoine de la femme.

Nous ne parlerons ici que du droit des créanciers au cas de dissolution du mariage, nous réservant de traiter, dans un appendice, les effets de la séparation de biens sous le régime dotal.

Il est admis par tous les auteurs qu'en principe, l'obligation consentie par la femme durant le mariage ne peut pas être exécutée sur les revenus du fonds dotal. Une solution contraire serait absolument en opposition avec les principes du régime dotal. La loi a voulu protéger la dot de la femme et la lui conserver intacte, afin de lui réserver, à elle et à ses enfants, une dernière ressource en cas de besoin. Or, admettre que par une obligation contractée pendant le mariage, la femme pourra compromettre les·fruits de sa dot, nous semble inadmissible. Pourquoi le législateur aurait-il conservé la dot, quant à sa propriété, avec un soin si jaloux, s'il eût été permis à la femme d'aliéner par avance les ressources qu'elle peut en retirer ?

Le but du législateur ne peut être atteint d'une façon complète que si la propriété et les fruits du fonds dotal sont à l'abri de toutes poursuites relatives à des dettes contractées pendant le mariage.

Une controverse s'est élevée au sujet du droit des créanciers sur l'excédent des revenus dotaux sur les besoins du ménage. Des auteurs ont reconnu aux tiers le droit de poursuivre les revenus dans la mesure que

nous indiquons. Cette solution, on le comprend facilement, n'est pas contraire aux principes qué nous avons
rappelés plus haut; car, s'il importe que la femme conserve des ressources suffisantes pour subvenir aux
besoins de ses enfants, il n'est pas nécessaire qu'elle
puisse étaler un luxe qui, dans cette hypothèse, serait
immoral, puisqu'il serait acquis au détriment des
créanciers.

Pour établir cette théorie sur une base juridique, on
fait une comparaison entre les droits du mari pendant
le mariage et ceux de la femme après sa dissolution.

L'excédent des revenus dotaux eût été disponible dans
le patrimoine du mari, et il lui eût été loisible de l'affecter au paiement de ses dettes; pourquoi ne pas admettre
la même solution à l'égard de la femme, puisque, ces
revenus étant disponibles, rien ne s'oppose à leur droit
de poursuite, et qu'elle peut les affecter au paiement des
dettes contractées par elle après la dissolution du
mariage? Il est impossible de justifier, dans ce cas, la
différence entre les deux catégories de créanciers [1].

Nous ne pensons pas qu'il soit logique d'admettre cette
distinction. Elle ne tient pas un compte suffisant de l'esprit du législateur en cette matière. Toutes les dispositions du régime dotal, nous l'avons vu, ont pour but de
conserver à la femme sa dot libre de toute action des
créanciers. On ne distingue pas si les immeubles dotaux
sont plus ou moins importants; la prohibition à leur
égard est absolue: le fonds dotal, en entier, ne peut être
affecté aux poursuites des créanciers. Pourquoi établir
à propos des revenus une distinction que l'on repousse
pour la nue propriété? Le but de la loi est de protéger la
femme, de maintenir complète et entière l'intégralité de
son patrimoine dotal, afin qu'elle ne puisse, à son insu
peut-être, se trouver réduite au strict nécessaire par

---

(1) TROPLONG, t. IV, nos 3302 et suiv MARCADÉ, art. 1554, no 4,

suite d'engagents inconsidérés que son mari aurait arrachés à sa faiblesse [1].

Nous n'avons pas insisté sur les effets de l'autorisation maritale, relativement au droit de poursuite des créanciers sur le droit de jouissance des immeubles dotaux, qui appartient au mari durant le mariage. Il est bien évident qu'on ne peut considérer l'autorisation qu'il donne à sa femme comme ayant pour effet de permettre aux créanciers de poursuivre les revenus dont il a la jouissance. L'article 1419 n'est pas applicable à notre matière; ce texte exceptionnel doit être restreint, nous l'avons montré, au régime de communauté.

SECTION III

DROIT DES CRÉANCIERS SUR LES MEUBLES DOTAUX

Jusqu'ici, nous n'avons parlé que du droit des créanciers sur les immeubles constitués en dot à la femme et sur les revenus de ces mêmes immeubles, et nous avons soigneusement évité de faire allusion aux meubles dotaux. Il existe, en effet, à leur égard une grave controverse entre la doctrine générale des auteurs et la jurisprudence de nos tribunaux.

Presque tous les jurisconsultes sont d'accord pour déclarer qu'il n'existe pas d'inaliénabilité à l'égard des meubles dotaux et que la dotalité doit être restreinte aux seuls immeubles. D'autre part, la jurisprudence s'est prononcée à peu près unanimement pour un système tout opposé, dans lequel on admet, à l'égard des meubles, les mêmes principes que pour le fonds dotal.

---

(1) Rodière et Pont, III, n° 1765. Aubry et Rau, V, § 338, note 16, et les nombreux arrêts de cassation cités par ces auteurs à l'appui de notre solution.

On peut résumer en deux propositions la théorie émise par la Cour de cassation :

1° Le mari a le droit de disposer des meubles dotaux, non seulement de ceux dont il est devenu propriétaire, mais encore de ceux qui appartiennent à sa femme ;

2° « Quant à la femme, la dot mobilière est inaliénable, de sorte qu'elle ne peut, par aucun acte, ni compromettre le droit de réclamer, lors de la dissolution du mariage ou de la séparation de biens, la restitution intégrale de la dot, ni renoncer à l'hypothèque légale destinée à assurer cette restitution, *ni enfin faire servir par une voie quelconque sa dot mobilière au paiement des obligations qu'elle aurait contractées par le mariage* (1). »

Tel est l'ensemble du système adopté par la Cour de cassation.

Nous n'entrerons pas dans l'examen de cette controverse ; elle nous entraînerait à des discussions qui nous semblent sortir du cadre nécessairement limité de notre étude sur le régime dotal. Nous nous bornerons à exposer les conséquences pratiques de l'un et de l'autre système au point de vue spécial qui nous occupe (2).

Il ne pourra y avoir de difficulté, si l'on se range à l'avis des auteurs qui tiennent les meubles dotaux comme parfaitement aliénables ; on devra leur appliquer

---

(1) AUBRY et RAU, V, § 537 *bis* et note 5. — Cette note contient l'énumération des auteurs qui ont adopté le système de la jurisprudence.

(2) La discussion qui s'est élevée sur ce point ne nous semble pas en effet offrir d'intérêt pratique considérable, puisque la jurisprudence semble être fixée dans le sens de l'inaliénabilité des meubles dotaux d'une façon définitive.

D'ailleurs, nous devons reconnaître qu'à proprement parler, il n'existe pas de discussion véritable à ce sujet. La jurisprudence se base, en effet, non sur des considérations théoriques ni juridiques, mais elle invoque avant tout la nécessité pratique de son système ; car, sans l'inaliénabilité des meubles, le régime dotal serait incomplet. L'accroissement énorme des fortunes mobilières depuis la promulgation du Code a rendu presque nécessaire une pareille doctrine, et il faut reconnaître que, placée sur ce terrain, la jurisprudence française nous semble difficile à critiquer.

les mêmes règles qu'aux biens paraphernaux, et permettre aux créanciers de la femme de les poursuivre.

Dans la pratique, cependant, il y aura lieu de tenir compte du droit de jouissance du mari pendant le mariage.

Les meubles, étant attribués au mari en vertu du contrat de mariage, seront donc, pendant la durée du mariage, à l'abri des poursuites des créanciers; mais, aussitôt après sa dissolution, ces meubles, n'étant frappés d'aucune dotalité, rentreront dans le gage normal des créanciers et pourront faire l'objet de leurs poursuites.

Tout autre est la solution de la jurisprudence, et bien différentes sont les conséquences auxquelles on aboutit dans ce système. Les créanciers de la femme ne peuvent acquérir du chef de celle-ci aucun droit, même éventuel, sur ses meubles dotaux, puisque la même protection couvre tous les biens qui ont été constitués en dot. Même après le mariage, ils ne pourront se faire payer ni sur la nue propriété de ces meubles ni sur les revenus ; en un mot, ils ne pourront saisir ni le capital ni les intérêts de la dot mobilière.

De même, on refuse au créancier tout droit de poursuite quand, par suite de circonstances quelconques, la dot mobilière se trouve représentée par des créances ou des immeubles non frappés de dotalité : tel serait le cas où le mari aurait, par suite d'acquisitions, transformé en immeubles les sommes dotales apportées par sa femme. Il y aura lieu d'examiner dans quelle proportion la dot mobilière est entrée dans l'acquisition de ces immeubles, et l'on ne permettra aux créanciers de poursuivre que l'excédent [1].

Ces quelques exemples nous font comprendre avec quelle sévérité la jurisprudence entend la règle arbi-

---

[1] Cassation, 1er décembre 1857; S. 1858, 1, 257. Grenoble, 4 mars 1868; S. 1868, 2, 207.

traire qu'elle a créée ; on veut empêcher la femme de compromettre d'une façon indirecte sa dot elle-même ou son droit à obtenir sa restitution.

APPENDICE

DES EFFETS DE LA SÉPARATION DE BIENS RELATIVEMENT AUX DROITS DE POURSUITES DES CRÉANCIERS

La séparation de biens laisse subsister la distinction des biens en dotaux et paraphernaux : l'insaisissabilité dont ces biens étaient frappés avant le jugement produit les mêmes effets jusqu'au jour de la dissolution du mariage. Cette règle se justifie d'elle-même, puisque, le mariage n'étant pas dissous, les mêmes raisons subsistent pour maintenir l'incapacité spéciale dont est frappée la femme sous ce régime. De plus, les textes sont formels en ce sens. L'article 1554 déclare que les immeubles sont aliénables « pendant le mariage », et l'article 1558, sur lequel nous avons établi la défense faite aux créanciers de poursuivre le fonds dotal, n'autorise la vente que pour les dettes antérieures au mariage ; pour toutes les autres, on ne fait aucune distinction entre celles qui sont postérieures à la séparation de biens et celles qui lui sont antérieures.

Les règles que nous avons indiquées relativement au droit de poursuite sur les immeubles dotaux doivent s'appliquer ici dans leur ensemble. Il en sera de même dans le système de la jurisprudence pour les poursuites à l'égard des biens mobiliers.

Que décider du droit des créanciers sur les revenus du fonds dotal ?

Nous pensons qu'il importe de distinguer, à cet égard, l'époque à laquelle la dette a été contractée par la femme.

Si la dette est antérieure à la séparation de biens, il faudra admettre la même solution que nous avons donnée plus haut, et dire que le créancier n'aura aucun droit sur les revenus des biens dotaux, sans qu'il y ait lieu de distinguer si ces revenus dépassent ou non les besoins du ménage.

Si la dette a été contractée après la séparation de biens, il y a lieu d'appliquer la distinction que nous venons de repousser. On devra reconnaître aux créanciers le droit de saisir les revenus des biens dotaux, dans la limite de l'excédent sur les besoins du ménage.

Comment peut-on justifier cette solution ? Il faut considérer les modifications apportées par le jugement de séparation à la capacité de la femme mariée. Auparavant, elle n'avait sur ses biens dotaux aucun droit de jouissance ou d'administration, les revenus de sa dot appartenaient à son mari. Désormais, elle devient propriétaire de ces revenus, puisqu'elle exerce sur sa dot les droits qui ont été enlevés à son mari ; elle aura donc les mêmes pouvoirs que son mari possédait avant le jugement de séparation. Les revenus du fonds dotal, nous l'avons montré plus haut, sont destinés, dans l'esprit du législateur, à l'entretien de la famille et aux besoins des époux ; on refuse aux créanciers tout droit qui pourrait compromettre ce résultat, et ils ne peuvent exercer aucun droit de poursuite sur ces biens, à raison des dettes contractées par la femme. Si nous envisageons maintenant un créancier postérieur à la séparation, il se trouve, relativement aux revenus dotaux, en présence de deux parties distinctes : la première destinée à subvenir aux besoins de l'association conjugale, l'autre qui constitue un excédent sur les dépenses. Sur la première partie, nous lui refusons tout droit de poursuite ; quant à la seconde, il ne saurait en être de même puisque nous sommes en présence d'un excédent qui reste disponible entre les mains de la femme et qui devient paraphernal. Dès lors, il y a lieu d'appliquer ici les règles relatives au droit de poursuite sur les biens paraphernaux, et nous avons vu que ces biens étaient soumis au droit de poursuite des créanciers dont le titre était valable.

Cette solution semble bizarre au premier abord, quand on la compare avec la solution donnée pour les créances antérieures à la séparation des biens ; cependant, nous croyons avoir montré qu'elle est le résultat pur et simple des principes qui régissent la matière ; c'était la meilleure justification que nous puissions en fournir.

Il nous reste une dernière question à examiner, relativement au droit de poursuite des créanciers d'une femme dotale séparée de biens. Quel droit leur reconnaîtrons-nous sur les revenus des biens dotaux, si le mariage vient à être dissous par la mort de la femme ?

On peut concevoir trois solutions à cet égard : 1° donner aux créanciers un droit de poursuite sur tous les revenus des biens dotaux, puisque, le ménage ayant disparu, il ne saurait y avoir lieu de distinguer entre les revenus nécessaires à son entretien et ceux qui sont superflus ; 2° on peut concevoir que les créanciers jouiront des mêmes droits que précédemment, c'est-à-dire pourront saisir les revenus sur lesquels s'exerçait leur droit de poursuite du vivant de la femme ; 3° enfin, on peut leur refuser toute espèce de droit sur ces revenus.

La première solution nous semble difficile à admettre, car elle est contraire à l'esprit du législateur et au perfectionnement du régime dotal tel que nous l'avons étudié ; c'est surtout aux enfants que la loi veut assurer des ressources suffisantes ; et permettre aux créanciers de les en priver serait anéantir tout l'effet des règles prohibitives du régime dotal.

La seconde solution semble la plus logique, car il

n'est guère possible d'admettre que les créanciers auront moins de droit sur les biens de la femme après sa
mort que de son vivant ; il y a donc lieu de conserver
aux tiers leur droit de poursuite dans les mêmes limites
que pendant la séparation de biens.

Nous n'admettons cependant pas ce résultat, car il
nous semble absolument contraire aux principes. Sur
quels éléments devra-t-on se baser pour fixer une limite
au droit des créanciers ? Quel sera l'excédent qu'ils
pourront poursuivre ? Les besoins du ménage ont
disparu avec le mariage, et la logique devrait, dans ce
système, conduire à la première solution, que tout le
monde s'accorde à reconnaître inadmissible.

Il nous semble qu'on doit se rattacher à la dernière qui
soustrait tous les revenus au droit des créanciers. Cette
solution semble singulière, puisqu'on refuse aux créanciers le droit qu'ils exerçaient durant le mariage, mais
ou peut très bien se rendre compte de ce résultat. Nous
avons montré que si les créanciers exerçaient un certain
droit de poursuite, c'était par suite de cette circonstance
que les revenus excédant les besoins du ménage en-
traient dans les biens paraphernaux de la femme ; donc
elle pouvait disposer librement ; ici, rien de semblable
ne justifie le droit de poursuite. Les revenus des biens
dotaux forment un tout que nous ne pouvons plus
décomposer ; ces revenus sont destinés à l'entretien de
la famille, et nous retombons dans l'hypothèse que nous
avons examinée plus haut ; les créanciers ne peuvent
donc exercer aucune saisie sur ces revenus.

POSITIONS

———

DROIT ROMAIN

I. — La femme intercède quand elle s'oblige et non quand elle aliène.

II. — La femme qui cède son rang hypothécaire fait un acte d'*intercessio ;* celle qui renonce au profit d'un tiers à une hypothèque qu'elle possédait sur les biens d'un débiteur n'intercède pas.

III. — La femme, en droit classique, ne peut renoncer au Velléien.

IV. — Le renouvellement de l'*intercessio*, après deux ans d'intervalle, produit un effet rétroactif.

V. — En droit romain, il faut dire : *Res perit creditori*, et non : *Res perit domino*.

VI. — Le mandataire que j'ai chargé de faire un achat pour 100 et qui l'a réalisé pour 150 ne peut me forcer à prendre l'opération pour mon compte, quand même il consentirait à ne recevoir que 100.

VII. — Lorsqu'un esclave commun stipule sur l'ordre de son maître, le bénéfice de la stipulation est acquis à ce dernier, quand même l'esclave n'aurait désigné aucun de ses maîtres, ou en aurait désigné un autre que celui dont il avait reçu l'ordre.

VIII. — La loi romaine, en principe, autorisait le pari.

DROIT CIVIL

I. — Le droit de poursuite que la loi, dans l'article 1419, confère aux créanciers d'une femme autorisée par son mari, sur les biens de ce dernier, ne résulte pas d'une obligation personnelle de sa part.

II. — La femme qui a géré l'affaire d'autrui n'est pas valablement obligée ; celle dont l'affaire a été gérée est tenue de répondre aux poursuites du gérant sur ses biens personnels.

III. — La femme mariée sous le régime de séparation de biens n'exerce son droit d'administration qu'en vertu d'une autorisation tacite de son mari, qui résulte de son contrat de mariage.

IV. — L'article 1555 du Code civil n'implique pas que les créanciers de la femme dotale pourront poursuivre les revenus du fonds dotal.

V. — On ne peut tirer un argument valable de l'article 1561, pour prétendre que l'inaliénabilité du fonds. dotal repose sur une idée de mise hors du commerce.

VI. — Le sénatus-consulte Velléien est la source de notre inaliénabilité dotale.

VII. — Une femme mariée ne peut, au refus de son mari, s'adresser à la justice pour être autorisée à contracter un engagement théâtral.

VIII. — La cause n'est pas un élément constitutif distinct des actes juridiques.

IX. Les mots : *dernière maladie*, de l'article 2101-3°, ne doivent s'entendre que de la maladie dont le débiteur est mort.

X. — Le droit de rétention n'est pas un droit réel.

XI. — Il est faux de dire qu'il ne peut pas y avoir de substitution prohibée, quand l'appelé est une personne morale.

XII. — L'article 229 du Code civil ne doit pas être étendu à la séparation de corps.

DROIT COMMERCIAL

Le mari qui a donné son consentement au commerce de sa femme commune en biens, peut ne pas être déclaré en faillite.

DROIT ADMINISTRATIF

Le gouvernement ne peut supprimer le traitement des ministres du culte catholique.

DROIT CONSTITUTIONNEL

Il n'y a que deux pouvoirs : le pouvoir exécutif et le pouvoir législatif.

DROIT CRIMINEL

I. — Le locataire principal d'une maison peut lacérer les affiches électorales apposées contre les murs de sa maison.

II. — La peine de la relégation est applicable à un étranger qui a contrevenu à un arrêté d'expulsion, quand la peine dont il a été frappé de ce chef complète le nombre de condamnations exigées pour entraîner la relégation.

DROIT INTERNATIONAL

Le sénatus-consulte Velléien devrait s'appliquer à une femme espagnole qui en invoquerait les dispositions devant nos tribunaux.

Vu et Approuvé :
Les Membres de la Commission,
MOUCHET.   WEISS.

Vu :
Le Doyen,
VILLEQUEZ.

Permis d'imprimer :
Le Recteur de l'Académie de Dijon,
CHAPPUIS.

TABLE DES MATIÈRES

DROIT ROMAIN

DU SÉNATUS-CONSULTE VELLÉIEN

PREMIÈRE PARTIE

DROIT FRANÇAIS

DE L'EFFET DES OBLIGATIONS CONTRACTÉES PAR UNE FEMME
MARIÉE SOUS LES DIFFÉRENTS RÉGIMES MATRIMONIAUX

PREMIÈRE PARTIE

SECONDE PARTIE

Besançon, imprimerie Franc-Comtoise, rue Gambetta, 20

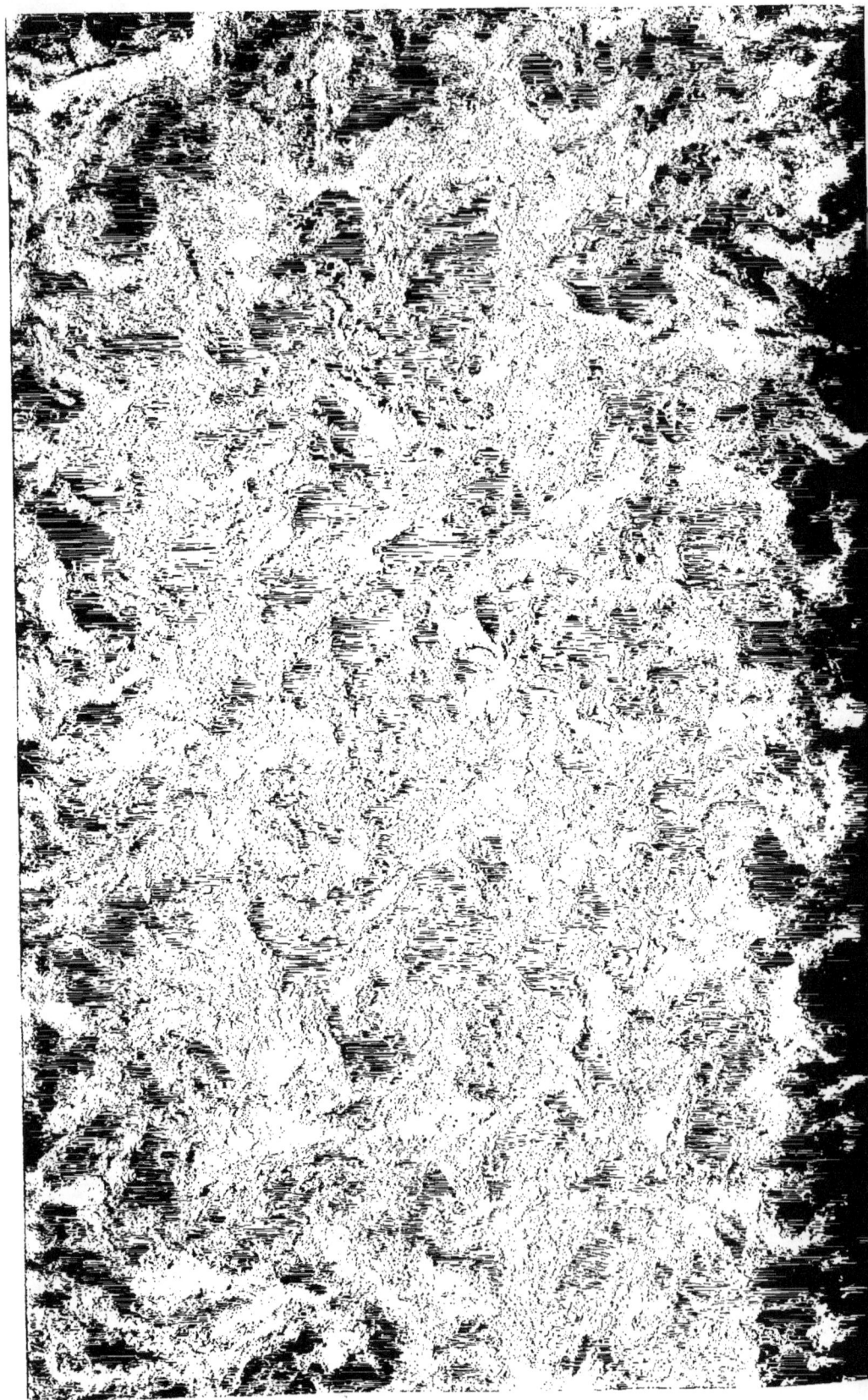